U0100224

大展好書　好書大展
品嘗好書　冠群可期

大展好書　好書大展
品嘗好書　冠群可期

武術特輯：132

# 八極拳散手用法

安在峰 編著

大展出版社有限公司

八極拳以技擊特點著稱於世。它是以六大開、八大招、十大技擊技法為基礎，結合易理「陰陽論、五行學說」，借用地理概念「八極」命名的一種簡樸剛烈、攻防意識極強的傳統拳術。它以深邃的哲學思想、豐厚的文化內涵、系統的訓練內容、淳樸的演練風格、實用的技術體系，深受人們的青睞，在武林中一枝獨秀，在海內外享有盛名。拳諺曰：「文有太極安天下，武有八極定乾坤。」可見它的地位非同一般。

八極拳已有三百餘年的歷史，清康熙年間有位名叫「癩」的道士將八極拳始傳給吳鐘，後世代相傳。從癩祖師傳至安在峰為第八代，安在峰是八極拳代表性的傳承人之一。

八極拳主要內容有基礎理論、功夫訓練、單操動作、單練套路、對練套路、器械套路、散手用法七大完整體系。在這七大體系中，散手用法是最閃光的部分。

八極拳散手用法也稱為「實戰應手」「實用法」「拆手」「散打」「對截」「技擊」等。其內容由六大開、八大招、十大技擊技法、三盤連擊法等構

成。應用時講求：「挨崩擠靠，迅猛遒勁，崩撼突擊，以短制長。」發招進手時吐氣發聲，以氣催力，以聲助勢，咄咄逼人。與人交手時，攻中有防，防中寓攻，招法聯貫，三盤連擊，勁足勢猛，還要求眼隨手轉，手腳齊到，上打下封，緊逼硬攻，長短兼施。故有「上打雲掠點提，中打挨戳擠靠，下打吃根埋根」的三盤打法。

為了滿足廣大八極拳及散手愛好者的需要，作者將從師所承和三十多年來研練積累的經驗及蒐集整理的資料，編撰成《八極拳散手用法》。此書內容豐富，招法全面，技術精良，技法實用，敍述準確、文字簡練，講解透徹、表意深刻，插圖精美，圖文並茂，可謂是一看就會、一用就靈的防身自衛寶典。

在本書編寫過程中，弟子吳超、張碩光、楊輝協助筆者對動作插圖拍攝進行演示；攝影師趙立玲為本書拍攝了動作插圖。在此表示衷心感謝！

由於作者水準所限，書中難免會有不足之處，懇請廣大讀者批評指正。

安在峰
於漢高故里

目錄

第一章　八極拳概述 …………………………007
第一節／八極拳源流及傳承 ……………008
第二節／八極拳內容及體系 ……………011
第三節／八極拳練法及要求 ……………013
第四節／八極拳的技擊內容 ……………014
第五節／八極拳的技擊要求 ……………014
第六節／八極拳作用及價值 ……………014

第二章　六大開實戰用法 …………………017
第一節／頂的實戰用法 …………………018
第二節／抱的實戰用法 …………………028
第三節／單的實戰用法 …………………036
第四節／提的實戰用法 …………………045
第五節／挎的實戰用法 …………………054
第六節／纏的實戰用法 …………………064

第三章　八大招實戰用法 …………………083
第一節／閻王三點手的實戰用法 ………084
第二節／猛虎硬爬山的實戰用法 ………089
第三節／迎門三不顧的實戰用法 ………094
第四節／霸王硬折繮的實戰用法 ………099
第五節／迎封朝陽掌的實戰用法 ………104

第六節／左右硬開門的實戰用法⋯⋯⋯110

第七節／黃鶯雙抱爪的實戰用法⋯⋯⋯115

第八節／立地通天炮的實戰用法⋯⋯⋯119

第四章　**三盤擊打十大技法**⋯⋯⋯⋯125

第一節／雲的實戰用法⋯⋯⋯⋯⋯⋯126

第二節／掠的實點用法⋯⋯⋯⋯⋯⋯137

第三節／點的實戰用法⋯⋯⋯⋯⋯⋯151

第四節／提的實戰用法⋯⋯⋯⋯⋯⋯163

第五節／挨的實戰用法⋯⋯⋯⋯⋯⋯174

第六節／戳的實戰用法⋯⋯⋯⋯⋯⋯184

第七節／擠的實戰用法⋯⋯⋯⋯⋯⋯199

第八節／靠的實戰用法⋯⋯⋯⋯⋯⋯205

第九節／吃根的實戰用法⋯⋯⋯⋯⋯214

第十節／埋根的實戰用法⋯⋯⋯⋯⋯232

第五章　**三盤連擊實戰用法**⋯⋯⋯⋯245

第一節／上盤兩連擊實戰用法⋯⋯⋯246

第二節／上中盤連擊實戰用法⋯⋯⋯256

第三節／上下盤連擊實戰用法⋯⋯⋯267

第四節／中盤兩連擊實戰用法⋯⋯⋯280

第五節／中上盤連擊實戰用法⋯⋯⋯306

第六節／中下盤連擊實戰用法⋯⋯⋯326

第七節／下盤兩連擊實戰戰用法⋯⋯349

第八節／下上盤連擊實戰用法⋯⋯⋯369

第九節／下中盤連擊實戰用法⋯⋯⋯375

八極拳散手用法

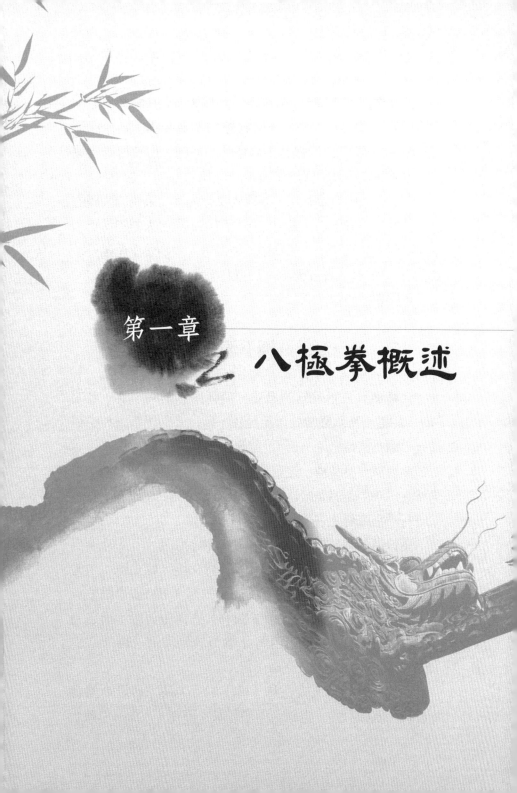

第一章 八極拳概述

八極拳又名「開拳」，也稱「八技拳」「八擊拳」等。它是以六大開、八大招、十大技擊技法為基礎，結合易理「陰陽論」，借用地理概念「八極」命名的，是一種簡樸剛烈、攻防意識極強的傳統拳術。

它以深邃的哲學思想、豐厚的文化內涵、系統的訓練內容、淳樸的演練風格、實用的技術體系，深受人們的青睞，是中華民族的瑰寶，在武林中一枝獨秀、海內外享有盛名。拳諺曰：「文有太極安天下，武有八極定乾坤。」

可見它在我國武壇眾多門派中的地位非同一般。

## 第一節‧八極拳源流及傳承

八極拳有三百餘年的歷史，清朝康熙年間，由一名叫「癩」的道士將八極拳始傳給吳鐘，所以《八極拳譜》中尊道長「癩」為始祖（一世），吳鐘為二世。

吳鐘有「吳神槍」之美稱，雍正年間，他隻身三闖莆田少林寺，寺內雖諸多暗器，卻無一傷身。其大槍出神入化，當時有「南京到北京，大槍數吳鐘」之說。

吳鐘將此拳傳於女吳融；吳融又傳於張克明；張克明再傳於張景星；張景星又將此拳傳於韓化臣。韓化臣（字惠卿）為八極拳六世，黃埔軍校武術教官，南京國術館教練員。於民國二十年著《八極拳圖解》在軍中傳播，稱之為「莒拳」。1920 年，韓化臣將此拳傳於楊沛武；楊沛武於1973 年又將此拳傳於安在峰（圖 1-1）。

八極拳八世傳人安在峰（圖 1-2），為國家級社會體育指導員，武術六段，全國八極拳冠軍。著有《八極拳運動全

▲ 圖 1-1

## │八極拳傳承世系表│

創始人一世
癲祖師

二世傳人
吳鐘

三世傳人
吳融

四世傳人
張克明

五世傳人
張景星

六世傳人
韓化臣

七世傳人
楊沛武

八世傳人
安在峰

▲ 圖 1-2

書》《武術實用摔法大全》《武術實用擒拿大全》《太極拳推
手絕技》《太極推手秘傳》《大鴻拳》《飛花長穗劍》《陳式

太極拳老架一路意氣勢練習及用法》《陳式太極拳老架二路意氣勢練習與用法》《陳式太極拳新架一路意氣勢練習與用法》《陳式太極拳新架二路意氣勢練習及用法》《85 式楊式太極拳意氣勢練習及用法》《經穴按摩健身法》等 80 多部武術、散打、中醫、養生專著，分別由人民體育出版社、北京體育大學出版社、山東科學技術出版社、中原農民出版社、河南科學技術出版社、安徽科學技術出版社、台北大展出版社、台北品冠文化出版社出版。

並在《中華武術》《武術健身》《健身氣功》《武林》《少林與太極》《搏擊》《精武》《武魂》等省級以上數十種雜誌上發表理論性、技術性、學術性文章 600 多篇；其作品曾多次在全國獲獎，《出招制勝——巧法制敵 180 招》一書榮獲第七屆全國圖書「金鑰匙」獎優勝獎。他多次在全國和江蘇省武術比賽中奪得冠軍，並成為 2008 年第 11 期《健身科學》封面人物，入編《中國太極拳大百科》《中國當代武林

| 安在峰先生在向弟子傳授八極拳 |

▲ 圖 1-3

人物誌》《中國太極拳辭典》《徐州體育誌》《豐縣誌》等 20 多部誌書及典籍。安在峰下傳弟子 30 餘人（圖 1-3），學員數千人，他們在各級比賽中奪得獎牌 100 多枚。

## 第二節・八極拳內容及體系

八極拳體系完整，內容豐富，技術精純、套路全面，技擊實用，簡樸易練，適用廣泛。演練起來勁力剛猛、下盤穩固、節短勢險、暴烈突然、短促多變、猛起硬落、氣勢雄健、攻防兼備、剛柔相濟。靜如止水，動如脫兔，氣勢磅礴，威武雄壯。給人以不畏艱險、勇往直前的感覺和精湛的藝術享受。

八極拳主要內容有基礎理論、功夫訓練、單操動作、單練套路、對練套路、器械套路、實戰應用七大完整體系。

### 一、基礎理論體系

八極拳的理論是在武術、養生、中醫的基礎上，結合周易「陰陽論」「五行學說」，借用「八極」地理概念而形成的完整理論體系。它包含了古代哲理、傳統文化、武術技擊、醫學養生、力學健美等諸多方面。

這些主要元素在八極拳中均有充分的體現，對八極拳修習者提高文化修養、培育優良品德及指導技術技法均有良好的作用。

### 二、功夫訓練體系

基礎功夫：手型、手法、步型、步法、摟樁、靠樁、站

椿、活步椿訓練、式子組合練習等。這些都是八極拳基本功的訓練，透過練習可正確掌握一定的基本技法，能提高功力，為學習八極拳打下良好的堅實基礎。

## 三、單操動作體系

「六大開」即「頂、抱、單、提、挎、纏」，是單手操六個基本動作的小組合，每一種手法都有較強的技擊性，簡樸剛烈，凶猛異常，均是八極拳的主要技擊手段。

「八大招」即「閻王三點手、猛虎硬爬山、迎門三不顧、霸王硬折繮、迎封朝陽手、左右硬開門、黃鶯雙抱爪、立地通天炮」，是八極拳的動作組合操，每組可單獨練習，也可連在一起貫穿練習，是八極拳的技擊散手，和「六大開」有異曲同工之妙，可合不可分。

## 四、單練套路體系

單練套路：「八極母架」「八極拳入門架」「八極拳小架」「八極拳老架」「原本八極拳」「六肘頭」「貼身靠拳」「八極連環拳」「八極拳簡架」「八極拳總架」「八極拳新架」「綜合八極拳」等十餘套。

這些套路練起來靜如止水，動如脫兔，氣勢磅礡，威武雄壯，有極高的健身、強身價值和觀賞價值。

## 五、對練套路體系

對練套路：有「精簡八極對接拳」「八極拳對接」「六肘頭對接」等多套。

它配合默契，節奏一致，距離相當，攻防合理，方法正

確，意識動態逼真，全神貫注，能培養攻防能力。

## 六、器械套路系統

器械套路：刀槍劍棍，軟硬長短各類器械套路俱全，其最代表性的有「行者棍」「伏虎棍」「苗刀」「提柳刀」「六合大槍」「五虎槍」「純陽劍」「漢源劍」「春秋大刀」等，有極高的鍛鍊價值和觀賞價值。

## 七、實戰應用體系

實戰用法有六大開、八大招、十大擊打技法、三盤兩連擊法、三盤三連擊法、基本拿法、制敵擒拿法、應敵摔法、散招實戰用法等。

這些技擊法理均有培養攻防意識、提高實戰技能及防身護身的作用。常言道：「學會八極架，鬼神都害怕」「學拳練八極，神仙也難敵」，這足以說明它有著極強的實用性。

# 第三節・八極拳練法及要求

練習八極拳時，動作要求做到含胸拔背、頂項拔腰、沉肩垂肘、氣貫丹田。出招發勁時吐氣發聲，以氣催力，以聲助勢，咄咄逼人。踢腿高不過襠，震腳闖步如穿石入洞，落地生根，出手如箭離弦、快似閃電，擁搓代緩，抑揚頓挫，氣力貫通，內外功兼修。

練習按「一練拙力如瘋魔，二練軟綿封閉撥，三練寸接寸拿寸吐露，四練筋骨皮肉合」四個步驟（階段）進行。講究「內練一口氣，外練筋骨皮」，做到「拳似流星腰聯貫，

腰似蛇形腳似鑽，剛柔圓活上下連，閭尾中正神貫項，滿身輕俐頂頭懸，體內氣固神內斂，陰陽虛實極變化，命意源泉在腰間」。

## 第四節・八極拳的技擊內容

八極拳技擊以六大開、八大招、三盤擊打十大技法為核心。在這些技擊核心的基礎上，加以巧妙結合，互相穿插，合理運用，又運化而生出三盤兩連擊和三盤三連擊及擒拿、摔法等應手實用招法，再加上各個拳路的散招實戰用法等，可謂是內容豐富，技法全面，招法精絕，技擊實用。

運用起來攻中有防，防中寓攻，短長兼施，拿打並用，上打下封，招法聯貫，三盤連擊，勁足勢猛，出招制勝。

## 第五節・八極拳的技擊要求

八極拳在技擊上講究挨崩擠靠，迅猛遒勁，硬開猛進，崩撼突擊，以短制長。交手時攻中有防，防中寓攻，招法聯貫，三盤連擊。做到眼隨手轉，手腳齊到，上打下封，緊逼硬攻，短長兼施，拿打摔並用。「上打雲掠點提，中打挨戳擠靠，下打吃根埋根」。同時，注重運用肘法，並有「八極拳法肘最長」之說。

## 第六節・八極拳作用及價值

從事八極拳鍛鍊活動，不僅能夠提高素質、健身強體、

鍛鍊意志、培養品德、提高技能、防身護身，而且能競技交流、擴大人際關係，進行競技觀賞、陶冶情操，豐富文化生活，還能體現尚武精神、促進人類文明。其重要價值主要體現在以下六個方面。

## 一、多個領域的社會價值

八極拳以鮮明的民族特徵成為華夏文化寶庫中的珍品，是集哲學、文化、醫學、養生、軍事、美學及體育等諸多要素於一體的特殊藝術形式，充分體現了八極拳所具有的多個領域的社會價值。

## 二、豐富厚重的文化價值

八極拳經歷了從低級到高級的發展進程，由防身手段演變為健身習俗，進而轉化成為一種文化資源，其蘊含的文化價值日趨豐富厚重。

## 三、健身強體的鍛鍊價值

八極拳動作幅度大，可有效地增強筋肌的柔韌性；套路中的挨、戳、擠、靠、崩、撼、突、擊等可有利於提高靈敏、速度、力量等素質；有節奏的肢體運動可增強血液循環系統、呼吸系統和消化系統的活動，具有極高的鍛鍊價值。

## 四、培養品德的教育價值

練習八極拳能磨練意志，培養刻苦耐勞、砥礪精進、永不自滿的品質和勇敢無畏、堅忍不拔的奮鬥意志；注重「尚武崇德」「學拳德為先」，能樹立正確的人生觀、價值觀、

審美觀、苦樂觀和道德觀，具有重要的教育價值。

## 五、競技觀賞的藝術價值

八極拳表演時，靜如止水，動如脫兔，氣勢磅礴，威武雄壯。對練意識動態逼真，實戰顯現出力與技結合，引人入勝，給人一種韻律美感和藝術享受。它集觀賞性、娛樂性於一體，充分體現了其藝術價值。

## 六、防身護身的技擊價值

八極拳的招式實際上都是格鬥的攻防動作和姿勢。這些招式均是攻中有防、防中寓攻、長短兼施、招法連進、三盤連擊，經常練習能培養攻防意識，提高實戰能力，因而有極高的技擊價值。

第二章

六大開
實戰用法

　　六大開即「頂、抱、單、提、挎、纏」六大擊打基本撥法，也稱「六打開」，有打開對方門戶之意。其各法實戰應用如下。

# 第一節 · 頂的實戰用法

　　「頂」是用部位突出點頂擊對方之法。它是在上領、下沉、左頂、右拉四面八方的「十字整勁」的基礎上完成的，是六大開的重中之重。

　　肘有「無處不是無處是，無處沒有無處有」之說。

　　常用的頂有：領頂、抽頂、挑頂、兩儀頂、掠頂、爬山頂等。這些頂法往往結合其他技法混合運用，實戰效果更佳。現選取實用八例介紹如下。

## 一、擋臂頂胸直拳擊胸

　　對方右腳前上一步，成為右弓步，同時，用右拳向己方面部擊打；己方左腳前上半步，成為左虛步，同時，屈左臂向外掛擋對方右臂內側部，擋開對方來拳（圖 2-1）。

　　動作不停，己方左腳前上一步於對方右腿外後側，成為馬步，掛住對方右腿，使其步不能變化，並用左肘尖部順勢向前頂擊對方胸部（圖 2-2）。

　　接著，身體重心前移，成為左弓步；同時，用右直拳向對方胸部心窩擊打（圖 2-3），使對方胸部受傷，被擊後倒（圖 2-4）。

　　**要點**　掛擋防拳要及時，上步頂肘要一致，上步掛對方右腿要牢固，頂肘要快速、準確、有力，力達肘尖。右拳

▲ 圖 2-1　　　　　　　　▲ 圖 2-2

▲ 圖 2-3　　　　　　　　▲ 圖 2-4

二次擊打要快、準、狠。發力迅猛，力達拳面。

## 二、擋臂頂胸橫掀摔

　　對方右腳前上一步，成為右弓步，同時，用右拳向己方面部擊打；己方左腳前上半步，成為左虛步，同時，屈左臂向外掛擋對方右臂內側部，擋開對方來拳（圖 2-5）。

　　動作不停，己方左腳前上一步於對方右腿外後側，成為馬步，掛住對方右腿，使其步不能變化，並用左肘尖部順勢向前頂擊對方胸部（圖 2-6）。

　　接著，己方左臂向左下按壓對方右臂；同時，用右臂向左

▲ 圖 2-5　　　　　　　　▲ 圖 2-6

▲ 圖 2-7　　　　　　　　▲ 圖 2-8

上橫打對方左肋腋下（圖 2-7），將對方掀翻向右後側倒（圖
2-8）。

　　**要點**　掛擋防拳要及時，上步頂肘要一致，上步掛對
方右腿要牢固，頂肘要快速、準確、有力，力達肘尖。左臂下
壓對方右臂與右臂橫打挑掀對方左肋腋要一致，兩勁形成力
偶，迫使對方側旋而倒。掀摔對方要迅猛、有力，力達兩臂。

## 三、擋臂頂胸攢拳擊頦

　　對方右腳前上一步，成為右弓步，同時，用右拳向己方
面部擊打；己方左腳前上半步，成為左虛步，同時，屈左臂
向外掛擋對方右臂內側部，擋開對方來拳（圖 2-9）。

　　動作不停，己方左腳前上一步於對方右腿外後側，成為馬步，掛住對方右腿，使其步不能變化，並用左肘尖部順勢向前頂擊對方胸部（圖 2-10）。

　　接著，左臂向左後将帶對方右臂，同時用右拳向前上攢擊對方下頦部（圖 2-11），使對方下頦受擊打而後倒地（圖 2-12）。

　　**要點**　掛擋防拳要及時，上步頂肘要一致，上步掛對右方腿要牢固，頂肘要快速、準確、有力，力達肘尖。左臂左後将帶對方右臂與右拳攢打對方下頦要一致，以增強攢打力度，攢拳要準確、猛狠、快速、有力，力達拳面。

▲ 圖 2-9　　　　　　　　▲ 圖 2-10

▲ 圖 2-11　　　　　　　　▲ 圖 2-12

## 四、挑架防拳頂肘擊胸

對方右腳前上一步，成為右弓步，同時用右直拳向己方面部擊打；己方左腳前上一步，成為左虛步，同時，用右臂向上挑架開對方來拳（圖 2-13）。

動作不停，左腳繼續前移於對方右腿外後側，同時，用左臂向上挑架固住對方右拳（圖 2-14）。

動作不停，左腳仍繼續前移上步於對方右腿外後側，別掛絆住對方右腿成為馬步，同時，用左肘向左前頂撞對方胸部（圖 2-15），使對方胸部受傷而向右後側倒（圖 2-16）。

▲ 圖 2-13　　　　▲ 圖 2-14

▲ 圖 2-15　　　　▲ 圖 2-16

　　**要點**　上步要快速，上步與右臂、左臂連續上挑要一致，一氣呵成，不可停頓，左腿上步要到位，別絆掛對方右腿要牢固，使其腿不能變化，左肘頂擊對方胸部要快速、準確、有力，力達肘尖。

## 五、挑架掛壓拳頂胸

　　對方右腳前上一步，成為右弓步，同時用左直拳向己方面部擊打；己方左腳左前上，成為左虛步，同時，用右臂向右上挑架開對方來拳（圖 2-17）。

　　對方見左拳攻擊失效，急用右直拳再次向己方左肋部擊來；己方左腳不停，繼續向左前上步於對方右腿外後側，偏身躲開其來拳，並用左臂從對方右臂上方向下掛壓其右臂於腹前（圖 2-18）。

　　左腳前上成馬步別絆掛住對方右腿，並用左肘向左後頂撞對方胸部（圖 2-19），使對方胸部受傷而向右後側倒（圖 2-20）。

▲ 圖 2-17

▲ 圖 2-18

▲ 圖 2-19

▲ 圖 2-20

**要點** 架防、掛壓、頂胸整個動作要在上步的瞬間一氣呵成,不可停頓,架防及時,偏身躲拳要恰到好處,掛壓臂要與閃身躲拳同時完成,別絆掛腿要牢固,左肘頂撞對方胸部要做到步到肘到,頂肘快速、準確、有力,力達肘尖。

## 六、挑架踩腿攢拳擊頦

對方右腳前上一步,成為右弓步,同時,用右直拳向己方面部擊打;己方左腳前上一步,成為半馬步,同時,用左臂向左上架挑開對方來拳(圖 2-21)。

接著,己方左腿支撐身體,用右腿向前下踩擊對方小腿

▲ 圖 2-21

▲ 圖 2-22

▲ 圖 2-23　　　　　　　▲ 圖 2-24

脛骨，同時，用右攢拳向前上勾擊對方下頦部（圖 2-22）。

　　對方右腿後撤一步，防己方之右腳踩擊；己方右腳下
落，左腳向前上步於對方襠下，成為馬步，並用左肘頂擊對
方胸部（圖 2-23），使對方胸部受傷而後倒（2-24）。

　　**要點**　左臂架防對方右拳要及時，右腳踩擊對方右小
腿與右拳攢打對方下頦要同時進行，要上下盤兼打。上步與
頂肘要一致，做到步到肘至，頂肘要快速、準確、有力，力
達左肘肘尖。

## 七、挑架防守貫耳頂胸

　　對方左腳前上一步，成為左弓步，同時，用右直拳向己
方面部擊打；己方左腳前上一步，成為左弓步，並用左臂向
左上挑架開對方來拳（圖 2-25）。

　　對方見右拳攻擊失效，急又用直拳再次向己方面部擊
打；己方右腳前上步，同時，速用右臂向右上挑架防開對方
來拳（圖 2-26）。

　　右腳前上步不停，前於對方，左腿外側後方，別絆掛住
對方左腿，並用右拳向對方左耳側貫擊（圖 2-27）。接著，

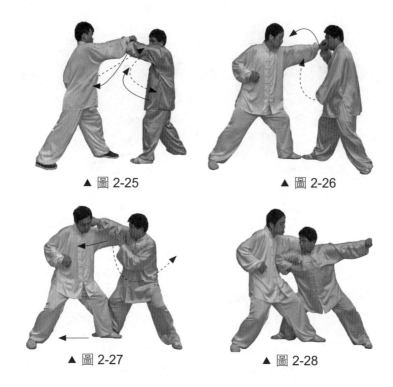

▲ 圖 2-25　　　　　　　▲ 圖 2-26

▲ 圖 2-27　　　　　　　▲ 圖 2-28

用右肘再次頂擊對方胸部，使對方胸部受傷（圖 2-28）。

　　**要點**　左、右臂架防拳要及時，上步別絆掛腿要牢固，右拳貫擊對方左耳側要快速、準確、猛狠，右肘頂擊對方胸部要迅速、有力，力達右肘肘尖。貫耳與右頂肘動作聯貫，不給對方喘息之機，右肘頂擊對方胸部要突然，要使對方來不及防。

## 八、挑防貫耳推頜頂胸

　　對方前上左腳一步，成為左弓步，同時，用左直拳向己方面部擊打；己方右腳前上步，同時，用右臂向右後挑架掛開對方左拳（圖 2-29）。

動作不停，己方右腳繼續前上步於對方左腿外後側，並用右拳向對方左耳部貫擊（圖 2-30）。

接著，右腳繼續前上步，掛住對方左腿，並用左掌向前上推擊對方下頦部（圖 2-31）。

當對方後仰躲避己方左推掌時，己方突然屈左臂，用左肘頂擊對方胸部，使對方胸部受傷（圖 2-32）。

**要點** 挑防對方左拳要及時，上步要快速，上步、掛腿、貫耳與推頦要協調一致，動作要一氣呵成，不給對方喘息之機。

左肘頂胸要突然，要快速、準確、有力，力達肘尖。

▲ 圖 2-29　　　　　　　▲ 圖 2-30

▲ 圖 2-31　　　　　　　▲ 圖 2-32

# 第二節・抱的實戰用法

「抱」是以臂膀或拳、掌由外往裏、由左往右、由右向左用力的一種技法。也是發力未發前的充分準備，緊縮一團，積存力量，蓄勢待發，寓攻於防，防中有攻，以加大衝擊力量，又可使攻防靈活起來。常用的抱有扣抱、穿抱、托抱、攔抱、滾抱、縮抱等。這些抱法含於防守、攻擊之中，常與其他技法兼施，效果方為顯著。現選取實用八例介紹如下。

## 一、刁腕掠臂攔抱偏摔

對方右腳前上一步，成為右弓步，同時，用右直拳向己方面部擊打；己方右腳右前偏身上步成為半馬步，閃躲開對方來拳（圖 2-33）。

動作不停，己方藉對方右前衝來之勁，左手刁抓住對方右腕，順勁向左後掠帶，同時，用右掌臂從對方左頸側部向左攔抱對方頸部（圖 2-34）。動作不停，左手刁其右腕、右手攔抱住對方左側頸部繼續向左用力（圖 2-35），使對方向右後側倒地（圖 2-36）。

▲ 圖 2-33      ▲ 圖 2-34

▲ 圖 2-35　　　　　　　　　　▲ 圖 2-36

**要點**　閃身躲拳要及時，幅度不可太大。左手刁抓腕向左掠臂要順對方來拳之勁，右手要借勁向左攔抱，掠臂與攔抱要協調一致，攔抱側打要快速、有力、力達兩手。

## 二、接抱防拳攢拳擊頦

對方右腳前上一步，成為右弓步，同時用右拳向己方胸部擊打；己方左腳前上一步，同時左手從對方右腕上方接抓住對方右腕上方，右手托住對方右腕下，兩臂上下相合抱住對方擊來之右拳（圖 2-37）。

己方左腳繼續向前上步於對方右腿外後側，成為左弓步，別絆掛住對方右腿，同時，騰出右拳，向前上攢拳擊打對方下頦部（圖 2-38）。

▲ 圖 2-37　　　　　　　　　　▲ 圖 2-38

▲ 圖 2-39　　　　　　▲ 圖 2-40

　　己方右拳繼續向前上用力擊（圖 2-39），使對方下頦被擊傷而後倒（圖 2-40）。

　　**要點**　接抱對方右拳要及時，上步要快速，上步別絆掛腿要牢固，上步與右攢拳要同時，攢拳要快速、準確、有力，力達右拳拳面。

## 三、托抱防拳雙掌推腹

　　對方右腳前上一步，成為右弓步，同時，用右拳向己方面部擊打；己方左腳前上半步成左虛步，同時，用兩手向上捧托對方來拳，防開對方右拳（圖 2-41）。

　　對方見右拳攻擊失效，速後撤右腳一步，並用左拳向己方胸部擊打；己方右腳前上一步，左腳上提成為丁步，同時，兩掌相抱用右手向外撥開對方左拳（圖 2-42）。接著，己方左腳前上一步，成為左弓步，同時，用兩掌向前推擊對方腹部（圖 2-43），使對方被推而後倒（圖 2-44）。

　　**要點**　托防對方擊來之右拳要及時，抱掌外撥對方左拳要橫向用力，上步與雙推掌要一致，要做到步到、掌到，兩掌推擊對方腹部要迅疾、有力，力達雙掌。

▲ 圖 2-41

▲ 圖 2-42

▲ 圖 2-43

▲ 圖 2-44

## 四、架防穿抱攔腰推胸

對方右腳前上一步，成為右弓步，同時，用右拳向己方面部擊打；己方左腳前上步，同時，用右臂向右上挑架開對方來拳（圖 2-45）。

己方左腳繼續向前上步於對方右腿外後側，左臂從對方右臂外上側向裏、向下於對方臂內側外掛（圖 2-46）。己方左腳繼續前上，別絆住對方右腿，左臂從對方右腋下向前穿臂於對方後腰，攔抱住對方後腰，同時，用右掌向前下推擊對方胸部（圖 2-47），使對方向後倒（圖 2-48）。

▲ 圖 2-45　　　　　　　▲ 圖 2-46

▲ 圖 2-47　　　　　　　▲ 圖 2-48

**要點**　上步要快速，上步別絆掛腿要牢固，挑架防拳要及時，左臂前穿攔腰要快速，攔抱後腰與右掌推胸要協調一致，左臂向裏攔抱，右掌向前下推胸，相對用力。推擊快速、有力，力達右掌。

## 五、托防攔抱後腰推胸

對方右腳前上一步，成為右弓步，同時，用右拳向己方面部擊打；己方左腳前上步，並用兩掌向上托防開對方來拳（圖 2-49）。動作不停，左腳繼續前上步於對方右腿外後側，別絆掛住對方右腿，左臂向前伸攔抱住對方後腰（圖 2-50），並用右掌向前下推擊對方胸部（圖 2-51），使對方向右後倒（圖 2-52）。

▲ 圖 2-49　　　　　　　▲ 圖 2-50

▲ 圖 2-51　　　　　　　▲ 圖 2-52

**要點**　雙掌托防對方右來拳要及時，上步別絆掛腿要牢固，左臂攔抱腰要快速，左臂向裏攔抱，右掌向前下推胸，相對用力。推擊快速、有力，力達右掌。

## 六、抱臂防拳別絆旋壓

對方右腳前上一步，同時，用右拳向己方面部擊打；己方向右前偏身，閃躲開對方來拳（圖 2-53）。己方身體左轉，同時右腳前上一步於對方右腿外後側別絆住對方右腿，右臂從對方右上臂下前上圈抱，左臂從其右臂內側圈抱，兩臂相合抱住對方右臂（圖 2-54）。

兩臂抱住對方右臂向前下旋壓，同時用右肩向前下壓對方右肩胸（圖 2-55），使對方受別壓而後倒摔於地（圖 2-56）。

▲ 圖 2-53　　　　　　　▲ 圖 2-54

▲ 圖 2-55　　　　　　　▲ 圖 2-56

> **要點**　閃身防拳要及時，轉身上步要快速，右腿別絆掛腿要牢固，兩臂圈抱對方右臂於胸前，要抱緊，向前下旋擰要有力，旋擰臂的同時要用右肩壓其胸，旋壓臂與別絆腿要一致。

## 七、抄抱別腿攔壓胸摔

　　對方左腿支撐身體，同時用右腿向己方腹部彈踢；己方左腳帶動右腳向左前上步閃開對方來腿（圖 2-57）。接著，己方用右臂抄抱住對方右大腿（圖 2-58）。動作不停，己方左腿繼續前上步別掛住對方左腿，同時左臂從對方胸前向左後攔住對方之胸（圖 2-59）。

　　右臂向左上抄，同時，左臂左後下橫向用力摟壓，使對

▲ 圖 2-57　　　　　▲ 圖 2-58

▲ 圖 2-59　　　　　▲ 圖 2-60

方後摔（圖 2-60）。

　　**要點**　閃身防腿要及時，進步要快速，抄抱腿要牢固，左腿別絆腿要牢，左臂攔抱胸與抄腿要一致，右臂上抄，左臂後下壓要形成力偶，使對方旋摔後倒。

## 八、閃防別腿摟抱別頸

　　對方左腳前上一步，成為左弓步，同時，用左直拳向己方胸部擊打；己方向右前偏身躲過對方來拳（圖 2-61）。

　　己方左腳前上一步於對方左腿外後側別絆住對方左腿，同時兩臂從對方頸部前後圈抱住對方頸部，左手抓住右上臂（圖 2-62）。已方右前臂從對方頭後部裏屈，右掌於對方頭

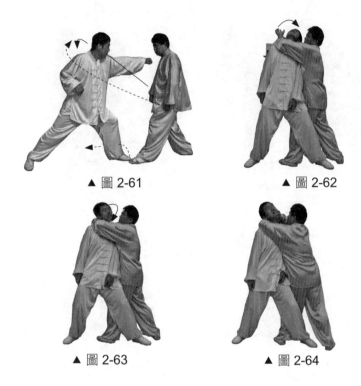

▲ 圖 2-61 ▲ 圖 2-62

▲ 圖 2-63 ▲ 圖 2-64

左側方（圖 2-63）。

右掌繼續向下固住對方下頦扳撐（圖 2-64）。

**要點** 閃身躲拳要及時，上步要快速，別腿要牢固，兩臂圈抱對方頸部要牢緊，右前臂裏屈扳撐對方下頦要有力，力達兩臂。

## 第三節‧單的實戰用法

單是以拳輪或手背為力點，由上往下蓋、砸的一種技法。單好似錘頭，突然發力，硬如鐵，力如鐵砧落地。常用的有按單、摟單、掄單、掠單、領單等。

## 一、捧封防拳掌背單腮

對方右腳前上一步，成為右弓步，同時，用右直拳向己方面部擊打；己方左腳左前上步，成為左弓步，同時，用兩手向左後捧封對方來拳之臂內側，捧防住對方來拳（圖2-65）。

接著，左手向左将帶對方之右臂，同時，用右掌掌背順對方右臂上方向對方右腮部單擊（圖2-66）。

左手鬆開對方右臂（圖2-67），使對方因腮被單擊而後倒摔於地（圖2-68）。

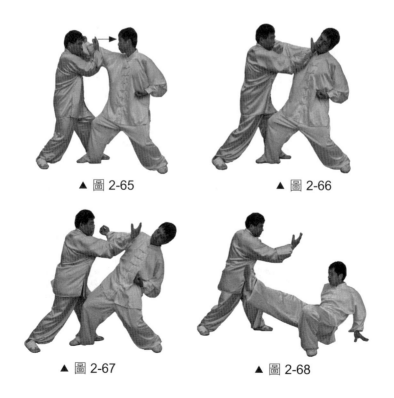

▲ 圖 2-65　　　　　▲ 圖 2-66

▲ 圖 2-67　　　　　▲ 圖 2-68

**要點** 上步要快，捧封要及時，左手固著前臂，右手固著上臂。左手向左後捋帶對方右臂同時用右掌背單擊對方腮部，單擊對方腮部要快速、準確、有力，力達右掌掌背。

## 二、下按防拳翻拳砸臉

對方右腳前上一步，成為右弓步，同時，用右直拳向己方左肋部擊打；己方左腳前上步，同時，用左掌向下按對方右腕部，防開對方來拳（圖2-69）。

左腳繼續向前上步，成為左弓步，同時，左掌繼續下按，用右翻背拳向對方面部砸擊（圖2-70）。右拳繼續下用力（圖2-71），將對方砸倒在地（圖2-72）。

▲ 圖 2-69　　　　　　　▲ 圖 2-70

▲ 圖 2-71　　　　　　　▲ 圖 2-72

**要點** 左掌按消對方來拳要及時，右拳翻臂砸拳要快速、準確、有力，力達右拳拳背。

### 三、捊格防拳翻拳砸面

對方右腳前上一步，成為右弓步，同時，用右拳向己方胸部擊打；己方右腳前上半步，成為右虛步，同時，用左手黏其右腕向左後領帶，用右臂向左格擋其右上臂，防開對方來拳（圖 2-73）。

己方右腳繼續前上步成為右弓步，同時，左手繼續向左後捊帶對方右臂，右拳向右下砸擊對方面部（圖 2-74），使對方面部被擊受傷，後仰（圖 2-75）倒地（圖 2-76）。

**要點** 捊格對方右來拳要及時，捊格要一致，向左後用力。

上步與右拳翻砸對方面部要協調，右拳砸擊對方面部要快速、準確、有力，力達右拳拳背。

### 四、架擋防拳翻臂單胸

對方右腳前上一步，成為右弓步，同時，用右直拳向己

▲ 圖 2-73

▲ 圖 2-74

▲ 圖 2-75

▲ 圖 2-76

方面部擊打；己方左腳前上步，同時，用左臂向左上架擋防開對方來拳（圖 2-77）。

接著，己方左腳繼續前上步於對方右腿外後側，成為左弓步，掛絆住對方右腿，同時，左掌向左下按對方右臂，右臂向左下橫擊對方胸部（圖 2-78）。左掌繼續向左下按對方右臂，己方右臂繼續向左下橫擊對方胸部（圖 2-79），使對方向右後倒（圖 2-80）。

 架擋防拳要及時，左腳上步要快速，掛絆腿要牢固，左掌左下按對方右上臂與右臂向左下橫擊要協調一致，右臂橫擊對方胸部要快速、有力，力達右臂。

▲ 圖 2-77

▲ 圖 2-78

▲ 圖 2-79

▲ 圖 2-80

## 五、雙捋防拳雙臂橫擊

對方右腳前上一步，成為右弓步，同時，用右直拳向己方面部擊打；己方左腳前上步，同時用兩手黏住對方右臂（圖 2-81），順對方打來右拳之勁，向右後捋帶（圖 2-82）。

當對方向後掙抽右臂時，己方借對方後抽臂之勁，左腳左上一步於對方右腿後方別絆住對方右腿，同時，用雙臂向左後下橫擊對方胸部（圖 2-83），使對方後倒（圖 2-84）。

**要點** 雙手黏對方右臂要及時，向右後捋帶對方右臂，要順其來拳之勁捋帶，上步絆腿與雙臂向左後下橫擊對

▲ 圖 2-81

▲ 圖 2-82

▲ 圖 2-83　　　　　　　　▲ 圖 2-84

方胸部要快速、準確、有力，力達雙臂。

## 六、雙臂防雙臂橫擊

對方右腳前上一步，成為右弓步，同時，用右直拳向己方面部擊打；己方成左虛步，同時用右臂架住對方來拳之腕（圖 2-85）。動作不停，己方左腳前上一步於對方右腿外後側，並用左臂向上挑固住對方右上臂，防其屈肘向己方頂擊（圖 2-86）。己方左腳繼續左上步，別絆住對方右腿，同時用兩臂向左後下橫擊對方胸腹部（圖 2-87），使對方後倒（圖 2-88）。

　　**要點** 右臂架對方右拳要及時，左臂挑其右上臂，一要控制對方屈臂，用肘頂擊；二要使對方右肋胸部敞開，以便橫擊。

進步絆腿要牢，進步與兩臂橫擊對方胸腹部要協調。兩臂橫擊對方胸腹要快速、有力，力達兩臂。

## 七、按防砸面撐掌靠胸

對方右腳前上一步，成為右弓步，同時，用左直拳向己

▲ 圖 2-85　　　　　▲ 圖 2-86

▲ 圖 2-87　　　　　▲ 圖 2-88

方胸部擊打；己方右腳前上步，同時，用左手向下按消對方
左來拳（圖 2-89）。

　　動作不停，右腳繼續前上步，同時，用右翻臂拳砸擊對
方面部（圖 2-90）。

　　右腳繼續進步，成為馬步，同時，用右撐掌靠擊對方胸
部（圖 2-91），己方右臂繼續向右後下撐靠對方胸部，使對
方向左後倒地（圖 2-92）。

　　<u>要點</u>　按消對方來拳要及時，右拳翻砸對方面部要快
速、準確、有力，力達拳面。上步快速，上步與撐掌要協調
一致，撐掌要有外撐之力並稍有後打之橫勁，撐靠對方胸部
要迅猛。

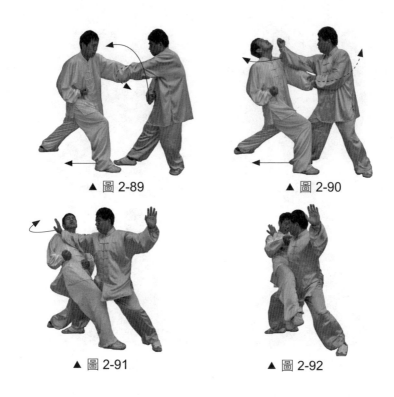

▲ 圖 2-89　　　　　　　　▲ 圖 2-90

▲ 圖 2-91　　　　　　　　▲ 圖 2-92

## 八、刁領防拳左臂單頸

　　對方右腳前上一步，成為右弓步，同時，用右拳向己方胸部擊打；己方左腳左前偏身上步，躲開對方來拳（圖2-93）。己方用右手刁抓住對方右腕，順其來拳之勁向右後領帶（圖2-94）。

　　接著，己方用左掌臂向右前下橫擊對方後頸（圖2-95），使對方後頸受傷（圖2-96）。

　　**要點**　右手刁抓對方來拳要及時，右後領對方右臂要順其來拳之勁，左掌臂向前下橫擊對方後頸要快速、準確、有力，力達左臂掌。

▲ 圖 2-93 　　　　　　　▲ 圖 2-94

▲ 圖 2-95 　　　　　　　▲ 圖 2-96

# 第四節・提的實戰用法

　　提是由下向上的一種技擊技法，常用的有提手、提肘、提膝、提胯等。在提法中，成招發力時氣與力相合為上行，欲進要用開力，欲退要有守力，前進後退、左移右閃、不失重心，動如雷霆、定若泰山。提煉法歌云：「手腕上翻拳上撞，腿膝一提剎下打，騎馬式要不大不小，扣步亦要不偏斜，上拳撞他下額骨，提襠傷他性命根，此是最絕至毒手，不許輕易用傷人。」提在實戰應用中，不僅可單技使用，同樣可與其他技混用，效果才更為顯著，其用法常有順步提、內步提、挑提、撩提、扳提、抄提等。

## 一、挑架防拳踩腿攢頦

對方右腳前上一步，成為右弓步，同時，用右直拳向己方面部擊打；己方左腳前上一步，成為左虛步，同時，用左臂向左上挑架開對方來拳（圖2-97）。

接著，己方左腿支撐身體，提起右腳向對方右小腿脛骨踩踢，並用右拳向對方下頦部攢打（圖2-98）。己方右拳向前上攢打繼續用力（圖2-99），使對方上下受擊而受傷後倒（圖2-100）。

**要點** 挑架防拳要及時。支撐腿要穩，右腳踩擊對方右小腿與右拳向前上攢打對方下頦要協調一致。踩腿要迅猛，攢拳要快速、準確、有力，力達右腳及右拳拳面。

▲ 圖 2-97

▲ 圖 2-98

▲ 圖 2-99

▲ 圖 2-100

## 二、雙挒防拳撩踢推肩

對方右腳前上一步，成為右弓步，同時，用右直拳向己方面部擊打；己方左腳左前偏身上步，閃開其來拳之鋒芒，並用右手黏住對方來拳之腕（圖2-101）。

動作不停，己方左手黏住對方右上臂，順其來拳之勁向右後領帶對方右臂（圖2-102）。

接著，己方兩手變勁，右手向右後繼續領帶對方右臂，左手向前推擊對方右後肩部，同時左腿支撐身體，並用右腳向左後撩踢對方右腿（圖2-103），使對方上下受相反方向之力而前倒摔地（圖2-104）。

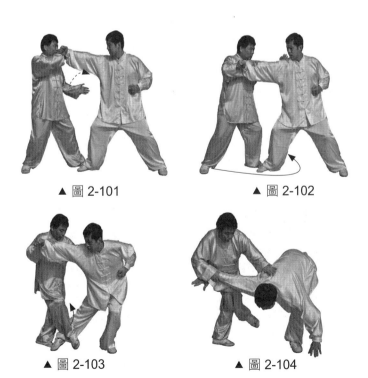

▲ 圖 2-101　　　　　▲ 圖 2-102

▲ 圖 2-103　　　　　▲ 圖 2-104

**要點** 　右、左手黏對方右臂要及時，雙手要順對方之來頸捋之，要使對方前傾，趁對方重心不穩之際，變化兩手力向，左手向右之力變為前下推之力，左手的前推與右腳向左後上撩踢動作要協調一致，要使手、腳之力形成力偶，而身體向前旋摔。右腿左後上撩踢要突然、迅疾、有力，力達右腳。

### 三、挑防膝撞後掛前推

對方右腳前上一步，成為右弓步，同時，用右直拳向己方面部擊打；己方左腳前上一步，成為左虛步，同時，用左臂向左上挑架開對方來拳（圖2-105）。接著，己方左手順勢抓住對方右腕向左後回領，並用右手扳住對方右肩裏扳，左腿支撐身體，右腿屈膝上提，用右膝向對方腹部撞擊（圖2-106）。

接著，己方右腳順勢向前下落步於對方右腿後方，並向後掛對方右腿，同時，用右掌向前下推按對方胸部（圖2-107），使對方下、上同時受不同方向之力，向後摔倒（圖2-108）。

**要點** 　挑架防對方右來拳要及時，右手扳對方右肩並向裏扳拉，同時，用右膝向前上頂撞對方腹部，以加大對對方的頂撞力。右腿向後掛對方右腿，與右手前下推對方胸部

▲ 圖 2-105

▲ 圖 2-106

▲ 圖 2-107　　　　　　　　▲ 圖 2-108

要協調一致，同時用力，後掛腿要突然、迅疾；右手推胸要
快速、有力，力達右腿和右掌。

## 四、架領臂撞胸掛腿摔

對方前上右腳一步，成為右弓步，同時，用右直拳向己
方面部擊打；己方左腳左前上步，成為左虛步，同時，用右
臂向右上挑架開對方來拳（圖 2-109）。動作不停，右手順
勢刁抓住對方右腕向右後回領其右臂（圖 2-110）。

接著，己方左腿支撐身體，同時，上提右膝，用右膝向
對方腹部撞擊（圖 2-111）。接著，右腿順勢向前下落步，

▲ 圖 2-109　　　　　　　　▲ 圖 2-110

▲ 圖 2-111

▲ 圖 2-112

並用右腿向右後掛對方右腿，同時，用右臂向前下攬胸下按，使對方後倒（圖 2-112）。

　上架防拳要及時，刁抓腕回領對方右臂要順對方衝拳之勁，領臂與撞膝頂擊對方腹部要協調一致。領臂一要防止對方後閃躲己方之撞膝，二可加大對對方的撞擊力。右腿後掛與右臂攬按要協調一致，後掛腿要突然、迅猛，攬胸下按要有力，力達右腿和右臂。

## 五、連拳擊面提膝撞胸

己方左腳前上一步，成為左弓步，同時，用左拳向對方面部擊打；對方右腳前上一步，成為右弓步，同時，用右臂向右上挑架開己方左拳（圖 2-113）。己方再前上右腳一步，成為右弓步，同時，用右拳向對方面部擊打；對方右腳後退一步，並用左臂向上挑架開己方右拳（圖 2-114）。

對方右腳前跟半點成為跪步，並用右直拳向己方襠部擊打；己方速上提右膝擋防住對方右拳（圖 2-115）。接著，己方右腳前下落步，支撐身體，並提左膝，向對方胸部頂撞（圖 2-116），使對方胸部受傷。

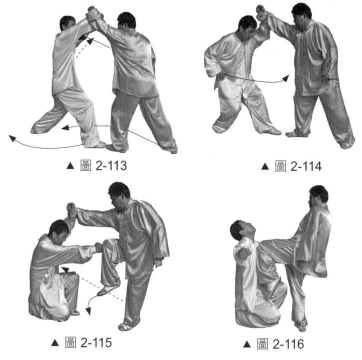

▲ 圖 2-113　　　　　　▲ 圖 2-114

▲ 圖 2-115　　　　　　▲ 圖 2-116

**要點**　上步與衝拳要一致，左右兩拳衝打要聯貫。提膝阻擋對方右拳要及時，左膝撞擊對方胸部要快速、準確、有力，力達左膝。

## 六、架防踹腿擊肋挑踢

對方左腳前上一步，成為左弓步，同時，用左直拳向已方胸部擊打；己方左腳左前上步，閃身躲開對方來拳之鋒芒（圖 2-117）。接著，己方用左臂向左上挑架住對方左臂，右腿支撐身體，提左腿用左腳向對方小腿側踹擊（圖 2-118）。己方左腿順勢下落成為馬步，同時，用左側衝拳向對方左肋部擊打（圖 2-119）。動作不停，己方右腿支撐身體，用左腿向右前上方挑踢對方左腿，同時，用左掌向左下按擊對方

▲ 圖 2-117　　　　　　　　▲ 圖 2-118

▲ 圖 2-119　　　　　　　　▲ 圖 2-120

後背部，使對方向前倒地（圖 2-120）。

　　**要點**　偏身躲拳要及時，架防對方來拳幅度不可太大，架臂與側踹對方左腿要協調一致。側踹腿要迅猛，力達左腳掌。馬步側拳擊腿要猛狠。左腿挑踢與左掌左下按擊要一致，挑踢快速，按擊有力，力達左腿和左掌。

## 七、架防踩腿按背提襠

　　對方左腳前上一步，成為左弓步，同時，用左直拳向己方胸部擊打；己方左腳左前上步，閃身躲開對方來拳之鋒芒（圖2-121）。接著，己方左臂向左上架擋防開對方左來拳，左腿支撐身體，同時用右腳向對方左小腿脛骨踩擊（圖2-122）。

　　接著，己方右腳下落於對方襠前，左手向前下按對方後

▲ 圖 2-121

▲ 圖 2-122

▲ 圖 2-123

▲ 圖 2-124

背，同時，右手從對方臀後插入襠部上提（圖 2-123），使
對方向前倒地（圖 2-124）。

　　**要點**　閃躲防對方左拳要及時，架臂踩腿要協調一
致，踩腿要迅疾、猛狠。按背與提襠同時用力，左手下按，
右手上提，形成力偶，兩手按提有力，力達兩手。

## 八、閃抄腿摔提臂踩肋

　　對方左腿支撐身體，用右彈腿向己方腹部彈踢；己方左
腳左前閃身上步，躲開對方之來腿（圖 2-125）。己方速用
右臂抄抱住對方右大腿部左臂攬抱住對方胸部（圖 2-126）。

　　接著，己方右臂向上抄提對方右腿，左臂攬住對方胸部
向左下按擊，使對方後摔（圖 2-127）。動作不停，己方左

▲ 圖 2-125　　　　　　　▲ 圖 2-126

▲ 圖 2-127　　　　　　　▲ 圖 2-128

腿支撐身體，左手順勢抓住對方右臂向上提，同時，並用右腳向對方右肋部踩擊，使對方肋部受傷（圖 2-128）。

　　**要點**　偏身上步要快速，抄抱腿要及時，抄抱腿與左臂向左下攬按胸要協調一致，抄腿向上用力，攬按向左下用力，使力形成力偶。左手領提對方右臂要有力，右腳踩擊對方肋部要猛狠，力達左手和右腳。

## 第五節・挎的實戰用法

　　挎是彎臂短擊或向上挑挎、胯摡撞的一種短打法或擒拿或快摔的技法。此法可剛可柔，剛柔相濟，發力時，突然用

力，陰陽相合、虛實共用、借力打力、巧使多變。運用時「胯肘進法走旁門，閃去一邊躲避身，側身貼身靠山勢，兩肩抖翻就外擠，捋掠抓用雙靠手，腰勢一煞往上穿，若是以法放不倒，急用引手莫留情」。常用的胯法有短擊、胯肘、撅挺和胯撞等。

## 一、左右捧封切肋靠摔

對方右腳前上一步，成為右弓步，同時，右翻砸拳向己方面部砸來；己方右腳前上一步，成為右弓步，同時，用兩手向左上捧封住對方右砸拳（圖 2-129）。

對方見右拳失效，速用左掌向己方面部推搓；己方用兩臂向右上捧封其來掌（圖 2-130）。接著，己方右手繼續捧住對方左掌，騰出左掌向對方左肋部切擊（圖 2-131）。動作不停，己方右腳前上，成為馬步，右掌臂從對方胸部穿過並向後靠其胸，使對方左後倒（圖 2-132）。

**要點** 左右捧封要及時，捧封時要注意捧固住對方上臂和前臂，以防屈肘攻之。切掌擊肋要快速，力達左掌外側緣，此法為短擊法，要做到突然、迅疾。上步穿臂敞懷靠要

▲ 圖 2-129

▲ 圖 2-130

▲ 圖 2-131

▲ 圖 2-132

一致，靠擊對方胸部要快速有力，力達右臂。

## 二、刁腕絆腿頂肋推背

對方右腳前上一步，成為馬步，同時，用右衝拳向己方胸部擊打；己方左腳左前上閃身躲開對方來拳之鋒芒，並用右手刁抓住其來拳之腕（圖 2-133）。

動作不停，己方左腳前上步於對方右腿前方，別絆住其右腿，同時，右手向右後回領對方右臂，並用左肘頂擊對方右肋部（圖 2-134）。

接著，己方用左掌向前下推擊對方後背（圖 2-135），

▲ 圖 2-133

▲ 圖 2-134

▲ 圖 2-135　　　　　　　　　▲ 圖 2-136

同時，左腿向左後掛對方右腿，使對方前倒（圖 2-136）。

　　**要點**　閃身、刁腕領臂要及時，上步絆腿要牢固，左肘頂擊對方右肋要猛狠。領臂、掛腿、推背要一致，掛腿要突然，推背要有力，力達左腿和左掌。

### 三、刁腕托肘領臂背摔

　　對方左腳前上一步，成為左弓步，同時，用左直拳向己方面部擊打；己方右腳右前上步，同時，用左掌刁抓住對方左腕（圖 2-137）。接著，己方用右掌從對方左肘關下向上托其肘關節，使對方左肘受控而不能變化（圖 2-138）。

　　動作不停，己方左腳向左後調步，己方右肩從對方左腋下鑽過，兩手抓住對方左腕向前下領拉，臀部向後上撅挺（圖 2-139）。己方將對方背起向左偏身，摔擊對方（圖 2-140）。

　　**要點**　閃躲要及時，刁腕要牢，托肘時要向下扳腕，以加大對對方左肘的控制力度，調步轉身要快速，扛臂背摔對方時兩手向下拉臂、向後撅臀，兩腿直挺要協調一致，撅臀要突然，下拉臂要有力，偏身摔擊對方要快速。這些動作要在瞬間一氣呵成。

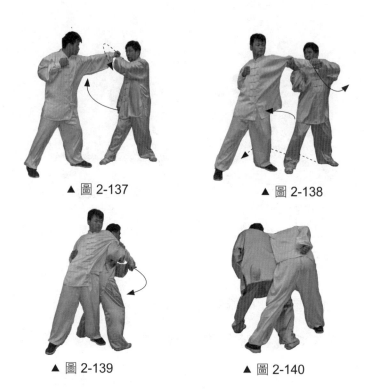

▲ 圖 2-137　　　　　　　▲ 圖 2-138

▲ 圖 2-139　　　　　　　▲ 圖 2-140

## 四、閃防扛背手別偏摔

　　對方左腳前上一步，同時，用左直拳向己方面部擊打；己方右腳右前偏身上步，閃躲開對方來拳，並用左手刁抓住對方左腕（圖 2-141）。己方左腳左後調步，右手托抓住對方左臂，同時，右肩從對方左臂下鑽過扛住對方左臂（圖 2-142）。

　　動作不停，己方右臂伸直緊貼住對方腹部和右大腿，同時，左手向左前下拉領對方左臂，右臂向右後別對方右腿，上體向右前偏身下俯，右肩向前下背扛對方（圖 2-143），將對方向前摔倒（圖 2-144）。

**要點** 閃防要及時，抓腕要牢，調步要快，右肩扛牢對方左臂，右掌貼緊對方腹腿。向右前下拉臂、扛背與右臂向右後別動作要協調一致，別、背、拉要快速、有力，整個動作要一氣呵成、乾脆俐落。

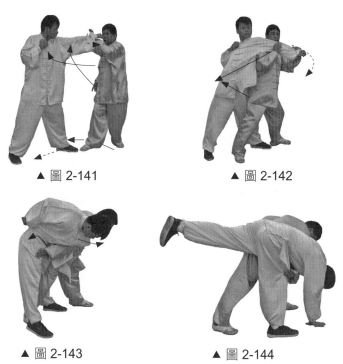

▲ 圖 2-141　　　　　　▲ 圖 2-142

▲ 圖 2-143　　　　　　▲ 圖 2-144

## 五、閃防抓腕領臂背摔

對方前上右腳一步，同時，用右拳向己方面部擊打；己方左腳左前偏身上步，閃躲開對方來拳，並用右手刁抓住對方右腕（圖 2-145）。接著，己方左腳前上一步於對方襠前，右腳後調步，身體右後轉，同時，兩手抓住對方右腕，己方左肩從對方右上臂下鑽過扛住對方右臂（圖 2-146）。

動作不停，己方兩腿上挺，臀部向後撅，上體前俯，兩手向前下拉對方右臂（圖 2-147），將對方過己方身向前摔出（圖 2-148）。

**要點** 閃防要及時，調步轉身要快速，扛臂要牢固，挺膝直腿、撅臀、俯身、拉臂要協調一致，動作要一氣呵成，挺膝、撅臀、俯身、拉臂要迅疾、猛狠，乾脆俐落。

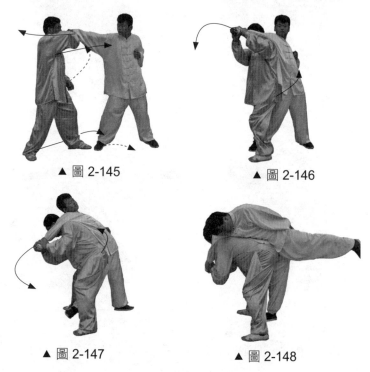

▲ 圖 2-145　　　　　　　▲ 圖 2-146

▲ 圖 2-147　　　　　　　▲ 圖 2-148

## 六、左右捧封切肋頂胸

對方右腳前上一步，成為右弓步，同時，右翻砸拳己方面部砸來；己方右腳前上一步，成為右弓步，同時，用兩手向左上捧封住對方右砸拳（圖 2-149）。對方見右拳失效，

速用左掌向己方面部推搓；己方用兩臂向右上捧封其來掌（圖 2-150）。接著，己方右手繼續捧住對方左掌，騰出左掌向對方左肋部切擊（圖 2-151）。

接著，己方左腳前上一步於對方右腿後，掛絆住對方右腿，同時，屈左肘，用左肘頂擊對方胸部，使對方後倒（圖 2-152）。

**要點** 左右捧封要及時，捧封時要注意捧固住對方上臂及前臂，以防對方屈肘攻擊。切掌擊肋要快速，力達左掌外側緣，此法為短擊法，要做到突然、迅疾。左腳上步要快速，絆掛住對方右腿要牢固，左肘頂擊對方胸部要快速、準確、有力，力達左肘。

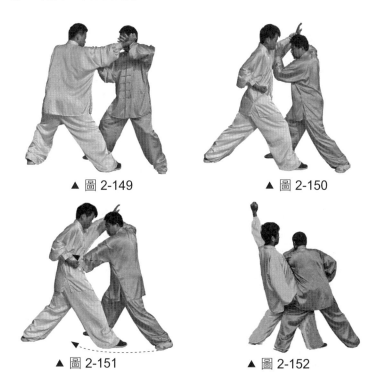

▲ 圖 2-149　　　　　▲ 圖 2-150

▲ 圖 2-151　　　　　▲ 圖 2-152

## 七、壓肩掛腿肩靠撞摔

對方左腳前上一步，成為左弓步，同時，用左掌向己方胸部推擊；己方右腳前上步於對方左腳前方，閃身躲開對方來拳之鋒芒，並用左手刁抓住對方來掌之腕（圖 2-153）。

接著，己方左手抓其腕向左後領拉對方左臂，用右手向前下推壓對方左肩，並用右腿向右後掛對方左腿，使對方前倒（圖 2-154）。將對方向上起身，己方用右肩靠撞對方左肋部（圖 2-155），對方撞倒在地（圖 2-156）。

**要點** 領臂、按肩、掛腿要協調一致，掛腿快速、按肩有力，右肩靠撞對方肋部要迅疾、猛狠。

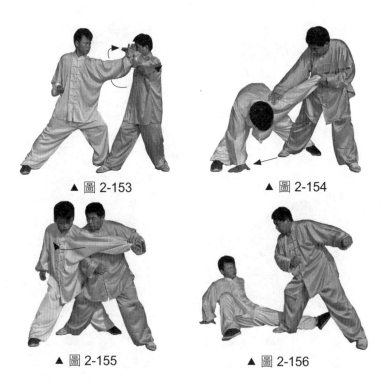

▲ 圖 2-153　　　　　　▲ 圖 2-154

▲ 圖 2-155　　　　　　▲ 圖 2-156

## 八、接腕挎肘前擠靠摔

對方右腳前上一步，成為右弓步，同時，用右拳向己方面部擊打；己方左腳左前上步偏身閃開其來拳，並用右手接抓住其來拳之腕（圖 2-157）。

動作不停，己方左臂從對方右臂下穿過，屈肘向上挎對方右肘，右手向下按其腕，使對方右肘關節受制（圖 2-158）。接著，己方用左前臂向前擠靠對方胸部，右手助力前推（圖 2-159），使對方向後摔倒在地（圖 2-160）。

**要點** 閃防要及時，接抓腕要牢固，下按腕與挎肘要協調一致，同時相對用力。向前擠靠對方胸部要有力，力達左臂。

▲ 圖 2-157　　　　　▲ 圖 2-158

▲ 圖 2-159　　　　　▲ 圖 2-160

# 第六節·纏的實戰用法

纏是一種繞轉的手法。纏有小纏、大纏之分，小纏纏腕，大纏纏臂。此技包括繞、轉、擰、絞、切、壓、鎖、扣等。其特點是黏、連、隨、轉發力，發力時可以陰陽相合、連綿不斷，鑽空破綻，使其不能相顧，而克敵制勝。

纏法歌云：「前手一纏後手隨，足踏中門順步跟，前手往下按他手，後手外撥猛進身，大纏猶如捆柴樣，使上就是一跟頭，小纏壓腕折其肘，使摔使拿樣樣有。」纏常常與擊打、靠摔等相結合。

## 一、捧腕扣掌切腕搌捶

對方右腳前上一步，成為右弓步，同時，用右掌向己方胸部推擊；己方右腳右前上步，偏身閃躲開來掌，右腕向上捧住對方來掌（圖 2-161）。

接著，己方左掌按蓋住對方右掌背，將對方右掌按固於己方右腕上，己方右掌向對方右腕外側上翹（圖 2-162）。

接著，己方左腳前上步，身體右轉，兩手夾著對方右掌向右後引領對方右臂，同時，以右掌外緣為力點，用右掌側緣向右下纏切對方腕部，使對方腕關節受傷（圖 2-163）。

對方若上身上起，己方左腳左上步，別絆住其右腿，同時，左拳向左搌擊，過對方胸部，並用左臂向左後橫擊，使對方後摔（圖 2-164）。

**要點** 閃躲要及時，捧腕按掌相對用力，將對方右掌夾牢，上步、轉身、引臂、切腕要協調一致，右掌纏切其腕要以右掌外緣為力點，纏切有力。

▲ 圖 2-161　　　　　▲ 圖 2-162

▲ 圖 2-163　　　　　▲ 圖 2-164

上步與揉捶要一致，左拳揉出後臂要向後用力，靠撞猛狠，力達左臂。

## 二、抓腕旋擰折腕推臂

對方前上左腳一步，同時，用右拳向己方面部擊打；己方左腳左前上步閃身躲開對方來拳之鋒芒，並用右掌向右上反手接抓住其來拳之腕（圖 2-165）。己方右手抓住對方右腕快達向裏、向上擰轉，使對方右臂被反擰成手心向上，己方左手抓住對方右拳拳背（圖 2-166）。

動作不停，己方左手向前下推折對方右拳背，使對方右腕被折（圖 2-167）。己方繼續用力，向前推臂，使對方右肩受制而前倒（圖 2-168）。

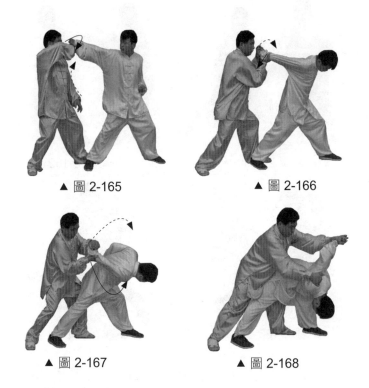

▲ 圖 2-165　　　　　　▲ 圖 2-166

▲ 圖 2-167　　　　　　▲ 圖 2-168

**要點**　接抓腕要及時，旋擰對方右臂要快速，推折對方右腕及右臂要連續用力，力達兩手。

### 三、捧腕按掌屈肘壓腕

對方左腳前上一步，成為左弓步，同時，用左拳向己方胸部擊打；己方向後吞胸，躲開其來拳（圖 2-169）。己方右腕向上捧住對方左腕，左掌按於對方左拳背上，將對方左拳按固於己方右腕上（圖 2-170）。

接著，己方上體左轉，同時，屈右肘從對方左腕外向上、向裏下壓對方左腕，使對方左腕受制（圖 2-171）而向前倒地（圖 2-172）。

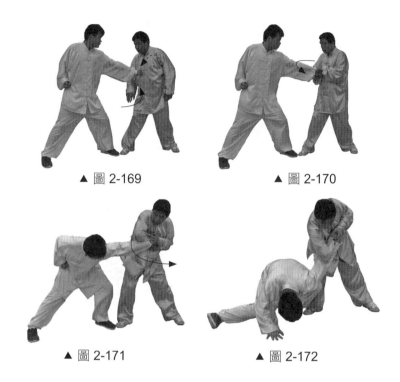

▲ 圖 2-169　　　　　　　▲ 圖 2-170

▲ 圖 2-171　　　　　　　▲ 圖 2-172

**要點**　吞胸躲拳要及時，右腕向上捧與左掌下按要相對用力，固牢對方左拳。右臂左下壓對方左腕要有力，力達右前臂。

## 四、按固裏勾纏切折腕

己方右腳前上一步，同時用右拳向對方腹部擊打；對方左腳在前，並用左手接抓住己方右拳腕（圖 2-173）。己方左手按固在對方左手背上，同時，右掌從對方左腕外側上翹（圖 2-174）。動作不停，己方右掌向裏、向下纏切壓對方左腕（圖 2-175）。動作不停，右掌繼續向下勾切纏壓對方左腕，左手配合前推其臂，使對方左腕受制而下跪於地（圖 2-176）。

▲ 圖 2-173　　　　　　　▲ 圖 2-174

▲ 圖 2-175　　　　　　　▲ 圖 2-176

**要點**　左掌按對方左手背於己方右腕上要牢固，右掌向裏下勾壓纏切要有力，力達右掌小指側緣，並配合向前推送對方左臂折其腕，推腕有力。

## 五、扒扣裏勾拉托折腕

對方左腳前上一步，同時，用左掌向己方推來；己方右腳前上步，同時，用右手接抓住對方左掌，成互握狀（圖2-177）。

接著，己方左腳前上一步，身體右轉，左臂從對方左臂下穿過向上，向裏繞扣住對方拇指側（圖2-178）。接著，己方左手向左後勾拉其左腕，己方右手向前上托折對方左掌

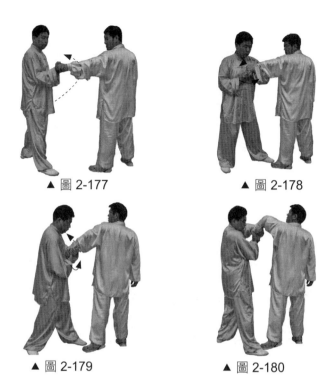

▲ 圖 2-177　　　　　　　　▲ 圖 2-178

▲ 圖 2-179　　　　　　　　▲ 圖 2-180

（圖 2-179），使對方左腕被折而受制（圖 2-180）。

**要點**　左掌扣住對方左手要牢固，勾拉對方左腕要有力，勾拉腕與右手向前上托折對方左掌要協調一致，同時用力，力達兩手。

## 六、扣掌折腕反臂擰摔

　　對方右腳前上一步，同時，用右掌向己方胸部推擊；己方右腳前上一步，用胸部迎住對方來掌（圖 2-181）。接著，己方屈左臂，用左手覆蓋於對方右掌背上，同時用左掌四指扣住對方拇指側於己方胸部（圖 2-182）。

　　左手扣住其拇指側向左下翻擰對方右臂，右手四指扣於

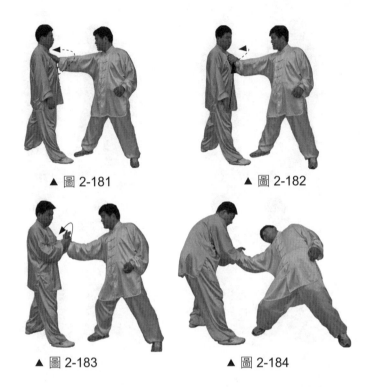

▲ 圖 2-181　　　　　　▲ 圖 2-182

▲ 圖 2-183　　　　　　▲ 圖 2-184

對方右掌心內，兩手拇指抵住對方右掌背，向前下推折對方右腕（圖 2-183）。動作不停，兩手折住對方右腕，身體左轉，隨轉身向左下反擰對方右臂，使其腕、肘、肩受制而後倒（圖 2-184）。

**要點**　以胸部迎接對方掌擊時要吞身避其鋒芒後再用胸向前貼實其掌。

左手按扣對方右掌於胸部要牢固，扣掌旋擰折腕要有力，折腕時兩手掌小指側外緣向下、向裏壓拉，同時兩拇指向前下低推，動作要協調一致，力達兩拇指。向左下反擰對方右臂時，要轉腰、折腕、引臂、反擰同時進行，整個動作要融為一體。旋擰有力，力達兩手。

## 七、捧腕索扣切腕送摔

對方右腳前上一步，成為右弓步，同時，用右掌向己方胸部推來；己方左腳左前上步，並用右腕向前迎接對方來掌，將對方來掌捧住（圖2-185）。

接著，己方上體右轉，左掌從對方右臂下穿過向上覆蓋於對方右掌背上，並用四指扣住對方右掌小指側緣（圖2-186）。己方右掌從對方右腕外側上翹，以右掌小指側緣為力點，向右下切對方右腕，使對方右腕受傷（圖2-187）。

動作不停，己方右掌邊切對方右腕，邊向右下旋擰對方右臂，邊向前推送，以加大對對方右腕的切擊力度，使對方

▲ 圖 2-185　　　　　　▲ 圖 2-186

▲ 圖 2-187　　　　　　▲ 圖 2-188

難以承受而跪地前倒（圖 2-188）。

**要點** 捧腕迎接對方來掌要及時，左掌蓋扣對方右掌要牢固，四指要緊扣住對方右小指側緣，切腕要有力，力達右掌小指側緣，要邊切腕、邊旋擰其臂、邊向前推送，整個動作要協調一致，一氣呵成，融為一體。

## 八、索扣按掌屈臂壓肘

己方右腳前上步，欲出右掌向對方左肋部攻擊；對方左腳前上一步，成為左弓步，同時，用左手直握抓住己方右腕（圖 2-189）。己方用左手按在對方左掌背上方，將對方左掌索扣在右腕上，並屈右臂向左回領對方左臂，將其左臂引直（圖 2-190）。

接著，己方兩手索扣住對方左掌，邊引其臂，邊向前下旋擰，使對方左肘關節轉向上，己方右肘從對方左臂後側向上、向前下壓對方肘關節（圖 2-191），使對方左肘受制而後坐於地（圖 2-192）。

**要點** 捧按索扣對方左掌要牢固，索扣住對方左掌後要邊向前下旋擰，邊向左後回領其左臂，要將對方左臂引

▲ 圖 2-189　　　　　　　▲ 圖 2-190

▲ 圖 2-191　　　　　　▲ 圖 2-192

直，且使其肘關節轉向上；右肘壓對方肘時，要反其關節，壓肘要有力，力達右肘肘尖。

## 九、抓腕反撐壓肘靠胸

・　　對方右腳右側上一步，同時，用右拳向己方胸部擊打；己方右腳右前上步，並用右手反手向右上捧接抓住對方右來拳之腕（圖 2-193）。

接著，己方左腿支撐身體，右腿屈膝上提，同時，右手反抓其右腕向右、向下、向裏上反撐對方右臂（圖 2-194）。

動作不停，右腳下震落步，左腳前上一步於對方右腿後

▲ 圖 2-193　　　　　　▲ 圖 2-194

▲ 圖 2-195 ▲ 圖 2-196

方，左臂屈肘，用左肘向對方肘關節部位壓砸，使對方右肘
被砸而受傷（圖 2-195）。

接著，己方用左臂從對方胸前穿過，並向後橫力靠擊對
方胸部，使對方後倒（圖 2-196）。

　反手接抓對方來拳要及時，反擰其右臂要邊旋
擰邊引領，引領、上步、砸肘要協調一致，一氣呵成，砸肘要
反其關節，左臂橫擊靠對方胸部要迅疾、猛狠，力達左臂。

## 十、掛防進身攬腰推胸

對方右腳右側上步，成為馬步，同時用右側衝拳向己方
左肋部擊打；己方左腳裏收半步，成為左虛步，同時，用左
臂向外掛開其來拳（圖 2-197）。

接著，己方左腳前上一步於對方右腿後側，左臂從對方
右腋下穿過攬住對方後腰，並用左手中指摳擊對方左肋部章
門穴（圖 2-198）。動作不停，方用右手向對方胸部推擊（圖
2-199），使對方腰被後折而後倒（圖 2-200）。

　掛臂防拳要及時，進步攬腰要一致，摳擊章門
穴要有力，力達中指端，攬腰與推胸動作要一致，左臂裏

▲ 圖 2-197　　　　　　　　▲ 圖 2-198

▲ 圖 2-199　　　　　　　　▲ 圖 2-200

攬，右掌左前推，同時，相對用力，推擊有力，力達右掌。

## 十一、反手抓擰壓肘掛臂

　　對方右腳右側上一步，同時，用右拳向己方胸部擊打；己方右腳右前上步，並用右手反手向右上捧接抓住對方右來拳之腕（圖 2-201）。

　　接著，己方左腳前上一步於對方右腿後方，右手反抓其右腕向右、向下、向裏上反擰對方右臂，左臂屈肘，用左肘向對方肘關節部位壓砸，使對方右肘被砸而受傷（圖 2-202）。

　　動作不停，己方左肘向前、向下掛住對方右上臂，向

▲ 圖 2-201　　　　　　　　　　▲ 圖 2-202

▲ 圖 2-203　　　　　　　　　　▲ 圖 2-204

下、向後掛壓對方右上臂（圖 2-203），使對方右臂被掛而後倒（圖 2-204）。

**要點**　反手接抓對方來拳要及時，反擰其右臂要邊旋擰邊引領，引領、上步、砸肘要協調一致，一氣呵成，砸肘要反其關節，左肘掛臂要有力，力達左肘。

## 十二、橫推防拳扛臂索肩

對方右腳前上一步，同時，用右拳向己方面部擊打；己方左腳前上步，同時，用右掌向左橫推開對方來拳（圖 2-205）。

動作不停，左腳向前進步於對方右腿後側方，別絆掛住

對方右腿，同時，用左肩扛住對方右臂，己方左臂從對方右肩後上伸（圖 2-206）。

左臂裏屈，壓扣索住對方右肩，右手抓住己左方腕，向左下拉臂，使對方右肩被控而受制（圖 2-207）。

當對方向上起身反抗時，己方右手扒按住對方後頸，左腿支撐身體，提右膝向上撞擊對方面部，使對方面部受傷（圖 2-208）。

**要點** 右掌向左橫推對方來拳要及時，此法為以橫破直。進步要快，扛臂要牢，左臂索肩要反其關節，索肩要有力。右手扒按對方後頸與右膝上撞要一致，撞擊對方面部要快速、準確、有力，力達右膝。

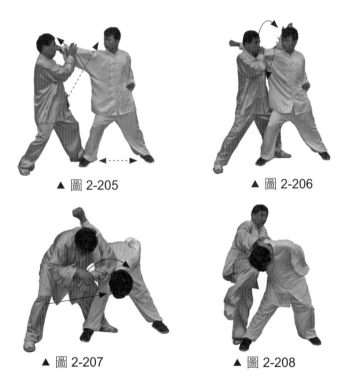

▲ 圖 2-205

▲ 圖 2-206

▲ 圖 2-207

▲ 圖 2-208

## 十三、架擋夾臂挎肘推胸

對方右腳右側上步，同時，用右側衝拳向己方胸部擊打；己方左腳前上步，同時，左臂上抬，架擋住對方來拳（圖 2-209）。己方右臂從對方右臂內側向上、向外、向下繞，並用左腋夾住對方右腕（圖 2-210）。

接著，己方左臂從對方右臂下方向裏上纏繞屈肘上挎對方右肘關節，使其右關節受制（圖 2-211）。接著，己方用右掌向左下推擊對方胸部，使對方後倒（圖 2-212）。

**要點** 架擋防拳要及時，繞臂夾腕要牢固，纏臂要緊，挎肘要反其關節，挎肘有力，右掌推胸要猛狠，力達右掌。

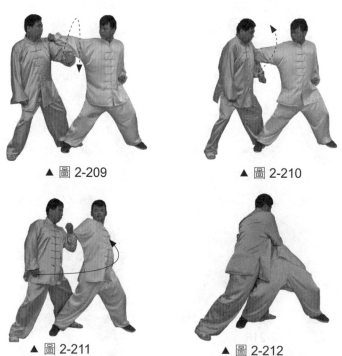

▲ 圖 2-209　　　　　　▲ 圖 2-210

▲ 圖 2-211　　　　　　▲ 圖 2-212

## 十四、護肩屈肘壓腕關節

對方右腳前上一步，並用右手抓己方左肩（圖 2-213）。己方右手向左按於對方右掌背於己方左肩上（圖 2-214）。接著，己方左臂從對方右腕外側上舉（圖 2-215）。

動作不停，己方左臂屈肘，用左肘向右下，砸擊對方腕關節及右臂，使對方右臂及右腕關節受制前倒而不能動彈（圖 2-216）。

**要點** 右手按對方右掌於左肩上要牢固，左肘砸腕要反其關節，砸腕有力，力達左肘。

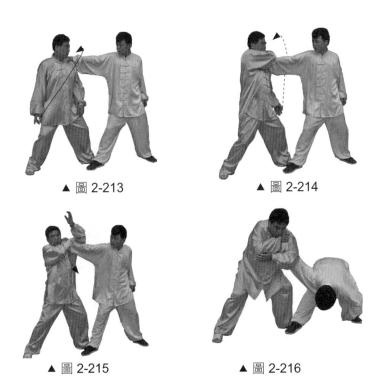

▲ 圖 2-213

▲ 圖 2-214

▲ 圖 2-215

▲ 圖 2-216

## 十五、護肩反肘壓腕關節

對方左腳前上一步，同時，用左手抓己方左肩部（圖2-217）。

接著，己方右手向左按住對方左掌背於己方左肩上，同時，己方左臂從對方左臂外側上舉（圖2-218）。動作不停，己方左屈左肘向外下壓對方左腕關節（圖2-219），使對方左腕關節受制而受傷（圖2-220）。

**要點**　右手按對方左掌於左肩上要牢固，左肘砸腕要反其關節，砸腕有力，力達左肘。

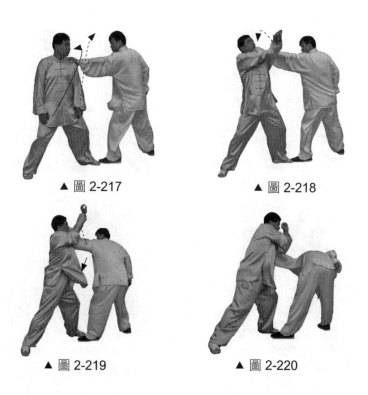

▲ 圖 2-217　　　　　　　▲ 圖 2-218

▲ 圖 2-219　　　　　　　▲ 圖 2-220

## 十六、反手抓腕扳肘旋撑

對方右腳右側上步成為馬步，同時，用右側衝拳向己方面部打來；己方左腳前上一步，同時，用左手反手接抓住對方來拳之腕（圖 2-221）。接著，己方右手從對方右肘下托扳住對方右肘（圖 2-222）。動作不停，己方右手向里拉上托對方右肘，左手向左下按壓（圖 2-223），使對方右臂被反撑受制而後倒（圖 2-224）。

**要點** 左手接抓對方右腕要及時，右手托住對方右肘要牢固，右手裡拉上托肘與左手的左下按壓腕要協調一致，拉肘、按腕有力，力達兩手。

▲ 圖 2-221　　　　　▲ 圖 2-222

▲ 圖 2-223　　　　　▲ 圖 2-224

第三章

八大招
實戰用法

八大招是八極拳技擊的八種招法，是八極拳的技擊精華，也是八極拳的技擊核心。

在實戰中要求做到眼隨手轉，手腳齊到，上打下封，緊逼硬攻，長短兼施，尤擅長「進身靠打，挨身肘發」。現將各招的實戰用法介紹如下。

## 第一節·閻王三點手的實戰用法

閻王三點手又稱「閻王閃電手」，也有寫為「眼望三點手」的，它是三連擊的手法。往往三盤連擊，長短兼施。運用起來，使人防不勝防，似如連珠炮，又如疾風暴雨。以疾為宗，以連續追打為要。

### 一、擊面搓鼻推胸

對方左腳前上一步，成為左弓步，同時，用左拳向己方面部擊打；己方右腳稍向右後撤步閃身，成為左虛步，躲開對方左拳鋒芒（圖3-1）。接著，己方左手向左上撥擋對方來拳之腕（圖3-2）。

動作不停，己方右腳前上一步，同時，左手順勢刁抓住對方左腕向左後回領，並用右拳向對方面部擊打（圖3-3）。

對方左腳後撤一步，身體左轉，並用兩手向左上捧封己方右拳臂（圖3-4）。

接著，己方上體左轉，並用左掌向對方鼻部推擊；對方右臂上架開己方左掌的推擊（圖3-5）。對方預防己方屈左肘擊其胸，用左掌向左捧住己方左上臂（圖3-6）。接著，己方身體左轉，成為馬步，同時，左掌向左撐，並用右撐掌向對

方胸部推擊，使對方胸部受傷（圖 3-7）。

　　**要點**　　動作要聯貫，招招快速，擊面、搓鼻、推胸要一氣呵成，擊打有力，使對方防不勝防。

▲ 圖 3-1　　　　　　　▲ 圖 3-2

▲ 圖 3-3　　　　　　　▲ 圖 3-4

▲ 圖 3-5　　　　　　　▲ 圖 3-6

▲ 圖 3-7

## 二、斬頸擊腹推頦

對方右腳前上一步，成為右弓步，同時，用右拳向己方面部擊打；己方左腳前上步，同時用左臂向左上撥擋開對方來拳（圖 3-8）。

接著，己方上體稍向右轉，左掌沿對方右臂，以左掌小指側為力點，向對方右頸側斬擊（圖 3-9）。

接著，己方上體左轉，同時，用右拳向對方腹部擊打（圖 3-10）。

動作不停，上體再右轉，右手右擺，左掌向左側上推擊使對方下頦，對方頦部受傷（圖 3-11）。

▲ 圖 3-8          ▲ 圖 3-9

▲ 圖 3-10　　　　　　　▲ 圖 3-11

**要點**　撥擋防對方右拳要及時，斬頸、擊腹、推頦動作要聯貫、快速、有力，力達兩手。

### 三、擊腹連拳擊頦

對方左腳前上一步，同時用左拳向己方右耳部貫擊；己方右腳右前上步，同時，用右臂向右上架擋住對方來拳（圖3-12）。動作不停，己方上體左轉，並用右側衝拳向對方腹部擊打（圖3-13）。

當對方吸腹化消己方右拳時，己方上體右轉，並用左直拳向對方下頦部擊打（圖3-14）。接著，己方上體左轉，左

▲ 圖 3-12　　　　　　　▲ 圖 3-13

▲ 圖 3-14

▲ 圖 3-15

拳左擺舉，同時，用右拳撐打對方下頦部，使對方頦部受傷（圖 3-15）。

　　**要點**　右臂架擋對方左貫拳要及時，右拳擊腹與左右兩拳連續擊打對方下頦部要聯貫、快速、準確、有力，力達拳面。

### 四、斬頸推頦擊喉

　　對方右腳前上一步，成為右弓步，同時，用右拳向己方面部擊打；己方左腳前上步，同時用左臂向左上撥擋開對方來拳（圖 3-16）。

　　接著，己方左手順勢向左下按對方右臂，同時，用右掌，以小指側為力點，向對方左頸部斬擊（圖 3-17）。動作不停，己方上體右轉，右掌成拳收抱於右腰間，同時，用左推掌向對方下頦推擊（圖 3-18）。

　　接著，己方上體左轉，並用右直拳擊打對方喉部，使對方頭部、喉部受傷（圖 3-19）。

　　**要點**　挑防對方右拳要及時。右掌斬頸、左掌推頦、右拳擊喉動作要聯貫，擊打要快速、準確、有力，力達兩手。

▲ 圖 3-16　　　　　　　▲ 圖 3-17

▲ 圖 3-18　　　　　　　▲ 圖 3-19

# 第二節・猛虎硬爬山的實戰用法

猛虎硬爬山是一種由下向前上踢打的技法，勢如猛虎爬山之狀故而得名，有攀打之特徵。

## 一、踩腿扇耳頂胸撞腹

對方左腳前上一步，成為左弓步，同時，用左拳向己方喉部擊打；己方左腳前上步成為左虛步，偏身躲過對方左拳鋒芒（圖 3-20）。動作不停，己方用左掌向左撥開對方來拳（圖 3-21）。

接著，己方左手順勢刁抓住對方左腕向左後回領，同

時，己方用右腳向前踩擊對方左小腿脛骨，並用右掌向對方左耳部扇擊（圖3-22）。

　　對方左腳後撤步，防己方之踩擊；己方右腳下落步，左腳前上一步，身體右轉，同時用左肘頂擊對方胸部（圖

▲ 圖 3-20

▲ 圖 3-21

▲ 圖 3-22

▲ 圖 3-23

▲ 圖 3-24

3-23）。接著，己方左腿支撐身體，同時，用右膝向對方腹部撞擊，並用右上攢拳擊打對方下頦部（圖 3-24），使對方腹部、頦部受傷。

**要點** 閃防撥擋防拳要及時，踩腿、領臂、扇耳要協調，同時進行，上下齊攻。

上步與頂肘要一致，做到步到、肘到，頂肘要快速、有力，力達肘尖。撞腹時，支撐腿要穩，撞腹、攢頦要同時進行，撞、攢要迅疾、猛狠。

## 二、接抱防腿頂肋踩腿

對方左腿支撐身體，同時用右腿向己方腹部擊打；己方左腿左前上步，偏身躲過來腿，並用兩手接抓住對方來腿（圖 3-25）。

接著，己方左腳帶動右腳向前進身，同時，右手抱住對方右腿，並用左肘頂擊對方右肋部（圖 3-26）。動作不停，己方再用左前臂向左橫擊對方腹部（圖 3-27）。接著，己方左腿支撐身體，並用右腳向對方左膝內側踹擊，使對方腿部受傷（圖 3-28）。

▲ 圖 3-25

▲ 圖 3-26

▲ 圖 3-27　　　　　　　▲ 圖 3-28

　　**要點**　閃身、接抓腿要及時，上步進身要快速，左肘頂肋與左臂橫擊腹要聯貫、迅疾、猛狠。踩擊對方左膝內側時，支撐腿要穩，踩其腿要快速、準確、有力，力達右腳。

### 三、挑架防拳扣腳踩膝

　　對方左腳前上一步，成為左弓步，同時，用左拳向己方面部擊打；己方左腳前上一步，成為左弓步，同時，用右臂向右上挑架開對方來拳（圖 3-29）。接著，己方右腳向前一步於對方左腳前，己方右腳外撇扣住對方左腳，使其不能變化（圖 3-30）。

▲ 圖 3-29　　　　　　　▲ 圖 3-30

▲ 圖 3-31

　　動作不停，右腳支撐身體，己方用左腳向對方左膝下部踩，使其膝部受傷（圖 3-31）。

　　**要點**　挑架防拳要及時，上步要快速，扣腳要牢固，踩膝要反其關節，踩擊要快速、準確、有力，力達左腳。

## 四、外分掌防踩膝撞腹

　　對方左腳前上一步，成為左弓步，同時，用兩掌向己方胸部推擊而來；己方左腳前上一步，成為左虛步，同時，兩掌從對方兩臂外側向裏於對方兩臂上方（圖 3-32）。

　　動作不停，己方兩掌向下從對方兩臂內側外分後掛防開對

▲ 圖 3-32　　　　　　　　▲ 圖 3-33

▲ 圖 3-34

▲ 圖 3-35

方兩掌（圖3-33）。

接著，己方左腿支撐身體，同時，用右腿向對方左膝部踩擊（圖3-34）。接著，己方右腳下落步，支撐身體，同時，提左膝向對方腹部撞擊（圖3-35）。

 兩掌外分對方兩掌要及時，右腳踩擊對方左膝要快速、準確、有力，力達右腳。撞腹時，右腿支撐要穩，左膝撞擊對方腹部要迅疾、猛狠。

## 第三節·迎門三不顧的實戰用法

迎門三不顧，迎門就進，是指迎門而進；三表示一切；顧是顧守；總體而言就是不顧一切，硬打、硬開、硬進。有勇往直前、不可阻擋之勢。

### 一、架防踩腿推面撐胸

對方左腳前上一步，成為左弓步，同時，用左拳向己方面部擊打；己方左腳左前上步，偏身閃躲開對方來拳（圖3-36）。接著，己方右臂向上架擋開對方來拳（圖3-37）。

動作不停，己方左腿支撐身體，同時，用右腳向前踩擊對方左膝部，並用左掌向對方面部推擊（圖3-38）。

對方左腿後退步，防止踩膝；己方右腳下落，同時用右拳向對方左耳部貫擊（圖3-39）。

對方左臂擋住己方右拳不停變直拳向己方面部擊打；己方用左臂向左上挑架住對方來拳（圖3-40）。

接著，己方上體左轉，左拳左擺，同時，用右拳向對方胸部擊打，使對方胸部受（圖3-41）。

**要點** 閃防架擋防拳要及時，踩膝、推面要一致，貫拳要迅猛，動作聯貫，右拳擊胸要快速、有力，力達右拳。

▲ 圖 3-36　　　　　　　　▲ 圖 3-37

▲ 圖 3-38　　　　　　　　▲ 圖 3-39

▲ 圖 3-40　　　　　▲ 圖 3-41

## 二、推頦擊腹橫拳貫耳

對方欲向己方進攻；己方搶上右腳一步，並用左掌向對方下頦推擊（圖 3-42）。接著，身體左轉，左臂左擺，同時，用右側衝拳擊打對方腹部（圖 3-43）。動作不停，己方上體右轉，同時，用左拳向對方右耳部貫擊，使對方耳部受傷（圖 3-44）。

**要點** 推頦、擊腹、貫耳動作要聯貫、快速、準確、有力，力達兩手。

▲ 圖 3-42　　　　　▲ 圖 3-43

▲ 圖 3-44

## 三、貫耳推頦拐肘擊肋

對方左腳前上一步，成為左弓步，同時，用左直拳向己方胸部擊打；己方右腳前上一步，偏身躲過對方來拳，並用右拳向對方左耳部貫擊（圖3-45）。接著，己方身體右轉，用左掌向對方下頦推擊（圖3-46）。

動作不停，己方上體左轉，並用右肘向對方左肋部拐擊，使對方肋部受傷（圖3-47）。

**要點** 貫耳、推頦、拐肘擊肋動作要聯貫、快速、準確、有力，力達擊點。

▲ 圖 3-45

▲ 圖 3-46

▲ 圖 3-47

## 四、摟防擊頜刺喉頂胸

對方左腳前上一步，成為左弓步，同時，用左拳向己方胸部擊打；己方用右手摟開對方來拳，同時，用左直拳向對方下頜部擊打（圖 3-48）。

接著，己方身體左轉，同時，用右掌向對方喉部刺擊（圖 3-49）。

接著，己方右腳右側上步於對方左腿外後側，別絆住對方左腿，同時，用右肘向對方胸部頂擊，使對方胸部受傷（圖 3-50）。

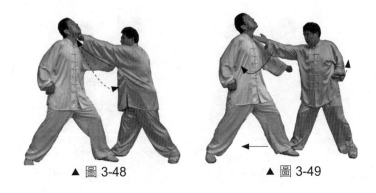

▲ 圖 3-48　　　　　▲ 圖 3-49

▲ 圖 3-50

**要點** 摟手防拳要及時，左拳擊打對方下頦與右掌刺喉和右肘頂胸動作要聯貫、快速、準確、有力，力達擊點。

## 第四節・霸王硬折繮的實戰用法

霸王硬折繮是一種領臂壓肩或斬頸或擊背的拿打技法，狀如硬扯馬繮而得名。此類招法拿中帶打，長短兼施，剛柔相濟，技擊實用。

### 一、領臂壓肩頂胸頂腹

對方左腳前上一步，成為左弓步，同時，用左直拳向己

▲ 圖 3-51

▲ 圖 3-52

▲ 圖 3-53　　　　　　▲ 圖 3-54

▲ 圖 3-55　　　　　　▲ 圖 3-56

方面部擊打；己方左腳左前上步閃身躲過對方來拳（圖
3-51）。接著，己方用左掌刁住對方左腕（圖 3-52）。動作不
停，己方右腳前上一步，身體左轉成為馬步，同時，己方左手
抓握住對方左腕向外旋擰，向左上回領其左臂，並用右肘向前
下壓對方左肩關節，使其左肩關節受制（圖 3-53）。

　　當對方向上起身抗爭時，己方右肘向右頂撞對方胸部
（圖 3-54）。對方上體左轉，同時，用右拳向己方面部擊
打；己方右腳後撤一步，同時，用右、左兩手捧托住對方來
拳之臂向右後領帶（圖 3-55）。

　　接著，己方左腳帶動右腳向左闖步，同時，用左肘頂擊對
方腹部（圖 3-56），將對方頂出，使其腹部受傷（圖 3-57）。

▲ 圖 3-57

**要點** 閃身躲拳要及時，刁抓來拳之腕要牢固，旋擰領提與右肘壓對方左肩要一致，下壓肩有力。右肘頂胸要猛狠。捧托防拳要順其來拳之勁，闖步與左頂肘要協調，做到步到肘至，頂肘快速、有力，力達肘尖。

## 二、拍防領臂掛腿擊背

對方右腳前上一步，成為右弓步，同時，用右拳向己方面部擊打；己方左腳左前上步，閃躲開對方來拳，並用左掌向右拍對方來拳之臂，防開其來拳（圖3-58）。

動作不停，己方左腳前上一步於對方右腳前，並用右手接抓住對方右腕，左手黏住對方右肘，順其來拳之勁向右後領帶其右臂（圖3-59）。

接著，己方右手抓住對方右腕，外旋擰右領其臂，同時左腳向左後掛對方右腿，並用左掌向前下劈擊對方後背，使對方向前倒（圖3-60）。

**要點** 閃身要及時，拍防要橫向用力，以橫破直。刁抓腕要牢固，領臂、掛腿、擊背要協調一致，領臂要旋擰，掛腿要快速，擊背要有力，力達左掌。

▲ 圖 3-58　　　　　　　▲ 圖 3-59

▲ 圖 3-60

### 三、刁腕領臂格肘按肩

對方左腳前上一步，成為左弓步，同時，用左直拳向己方胸部擊打；己方左腳前上一步，閃身躲過其來拳（圖3-61）。接著，己方左手向左上刁抓住對方左腕（圖3-62）。

動作不停，己方左手握其腕向左後回領對方左臂，並用右臂向左橫格對方左肘關節（圖3-63）。動作不停，己方左手向左上提領對方左臂，同時，右手向前下按對方左肩部，使對方左肩受傷（圖3-64）。

**要點**　閃身要及時，刁腕要牢，領臂格肘要一致，格肘橫向用力，按肩與提腕要同時，提、按有力，力達兩手。

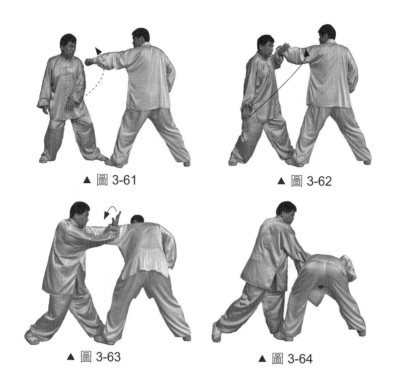

▲ 圖 3-61　　　　　　　　　▲ 圖 3-62

▲ 圖 3-63　　　　　　　　　▲ 圖 3-64

## 四、閃身格防提腕斬頸

　　對方右腳前上一步，成為右弓步，同時，用右拳向己方胸部擊打；己方左腳左前上步，偏身躲過來拳（圖 3-65）。動作不停，己方上體左轉，同時，屈右臂向左橫格防對方來拳（圖 3-66）。

　　接著，己方右腳前上一步，同時，己方左手抓握住對方右腕，同時，用右掌向右橫斬對方頸右側部（圖 3-67）。接著，己方左手握其腕向左上提領，同時，用右掌向右下斬按對方後頸，使對方頸部受傷（圖 3-68）。

　　**要點**　　閃身要及時，格肘防拳要橫向用力，以橫破

▲ 圖 3-65　　　　　　　▲ 圖 3-66

▲ 圖 3-67　　　　　　　▲ 圖 3-68

直。左手握其右腕要牢，右掌斬勁與左手領臂要一致，斬頸要快速、準確、有力，力達右掌外緣。

## 第五節・迎封朝陽掌的實戰用法

　　迎封朝陽掌是一種向前斜上（朝著太陽的角度）出擊的掌法，是用掌迎面直擊太陽穴的招法。「頭為精明之府」，「五臟六腑精氣」皆上升於頭部。頭皮是大腦的保護層，分佈著許多穴位，人體十二經脈中，手、足三陽經均起經頭面部，故又說「頭為諸陽之會」。因此，朝陽掌不僅限於打太陽穴，頭、頸各部均是擊打目標。

## 一、砸肩擊襠連續擊喉

對方左腳前上一步，成為左弓步，同時，用左直拳向己方胸部擊打；己方左腳前上步，並閃身躲開對方來拳之鋒芒（圖3-69）。接著，己方左掌向左上刁抓住對方左拳腕（圖3-70）。動作不停，己方右腳前上一步，身體左轉，同時，左手握其腕向外旋擰並左後回領，右臂屈肘向前下砸壓對方左肩關節（圖3-71）。

接著，對方左腳後撤一步；己方隨之左腳經右腳向右後插步，同時，用右拳向對方襠部揉擊（圖3-72）。

對方為防襠部被擊，速向後撤右步；己方右腳隨之也後撤一步，身體右轉，成為右弓步，同時，用左掌向對方喉部直刺（圖3-73）。

動作不停，己方上體左轉，成為馬步，同時，左掌向左擺掌，右掌向右側刺擊對方喉部（圖3-74）。

對方用左臂向左上挑開己方右掌（圖3-75）；己方上體迅速右轉，右手下壓對方左臂，同時，用左拳直擊對方喉部，使對方喉部受傷（圖3-76）。

▲ 圖3-69

▲ 圖3-70

▲ 圖 3-71　　　　　　▲ 圖 3-72

▲ 圖 3-73　　　　　　▲ 圖 3-74

▲ 圖 3-75　　　　　　▲ 圖 3-76

**要點**　閃身要及時，刁抓腕要牢固，左手邊旋擰邊回領對方左臂，在領臂的同時，上步，右肘砸肩，動作要協調，砸肩有力，力達肘尖。

右拳揉襠與左後插步要一致，撤步、轉身與左掌刺喉要

同時，左、右掌刺喉要聯貫，刺喉要準狠。左拳擊喉要快速、準確、有力，力達拳面。

## 二、刁腕領臂斬掌擊頸

對方右腳前上一步，成為右弓步，同時，用右直拳向己方面部擊打；己方左腳前上步，同時，用左手刁抓對方右腕（圖 3-77）。接著，己方左腳上步於對方右腿外側，別絆住對方右腿，上體左轉，同時，用右掌小指側向對方頸部左側斬擊（圖 3-78）。

動作不停，左掌向左下回領對方右臂，右掌向左下斬擊對方頸左側繼續用力，使對方向右側倒（圖 3-79）。

▲ 圖 3-77　　　　　▲ 圖 3-78

▲ 圖 3-79

**要點** 刁腕要及時，上步要快速，絆腿要牢固，左手左下回領其臂與右掌斬頸要協調一致，同時用力，斬頸要快速、準確、有力，力達右掌小指側外緣。

## 三、架擋防拳砸面刺喉

對方右腳前上一步，成為右弓步，同時，用右拳向己方面部擊打；己方左腳前上一步，成為左虛步，同時，用左臂向左上架擋開對方來拳（圖 3-80）。

己方左腳前上半步於對方右腿外側成弓步，別絆住對方右腿，同時，用左翻背拳向前下砸擊對方面部（圖 3-81）。己方上體左轉，同時，用左手向左後將帶對方右臂，並用右穿掌刺擊對方喉部，使對方喉部受傷（圖 3-82）。

▲ 圖 3-80　　　　　▲ 圖 3-81

▲ 圖 3-82

**要點** 架擋防拳要及時，上步絆腿要牢固，左翻拳向對方面部砸擊，砸拳與右掌刺喉要聯貫，右掌刺喉要快速、準確、有力，力達掌尖。

### 四、挑架防拳連續刺喉

對方右腳前上一步，成為右弓步，同時，用左拳向己方胸部擊打；己方左腳左前上步，偏身躲過其來拳（圖 3-83）。己方右臂向右上挑架開對方左來拳（圖 3-84）。

接著，己方右手向右下刁抓住對方左拳向右下回領，同時，用左穿掌向對方喉部直刺（圖 3-85）。動作不停，左掌下按對方喉左臂，騰出右掌，用右穿掌直刺對方喉部，使對方喉部受傷（圖 3-86）。

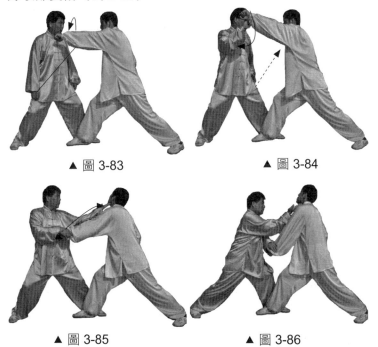

▲ 圖 3-83　　　　　　　▲ 圖 3-84

▲ 圖 3-85　　　　　　　▲ 圖 3-86

**要點** 挑架防拳要及時，右手回領對方左臂與左掌刺喉要一致，兩掌刺喉要聯貫，刺喉要快速、準確、有力，力達掌尖。

# 第六節・左右硬開門的實戰用法

左右硬開門是連還防守或左右開弓，打開對方門戶挺身踏中宮直進的技法；是硬打硬防、防中打、打中防的招法。此招要做到防使對方難攻，攻使對方難守。體現出強攻強防，招法連進，左右逢源，攻防兼施。

## 一、左右挑架攬腰推胸

對方左腳前上一步，成為左弓步，同時，用左直拳向己方面部擊打；己方右腳前上一步，同時，閃身躲開對方來拳之鋒芒（圖 3-87）。接著，己方用右臂向右上挑架開對方來拳（圖 3-88）。

對方見左拳擊打失效，速左轉身，並用右直拳向己方面部擊打；己方屈左臂向左上挑架開對方來拳（圖 3-89）。動作不停，己方右掌向左橫拍對方右臂，同時，左拳屈臂收抱於左腰側（圖 3-90）。

接著，己方左腳前上一步，於對方右腿後別絆住對方右腿成為左弓步，同時，用左臂攬抱住對方後腰，並用右掌向左下推擊對方胸部，使對方後摔（圖 3-91）。

**要點** 左右挑架防對方左右直拳要及時，上步別絆腿要牢固，攬腰與推胸要協調一致，攬臂向右用力，推胸向左用力，兩力相合，形成力偶。攬、推要有力，力達兩手。

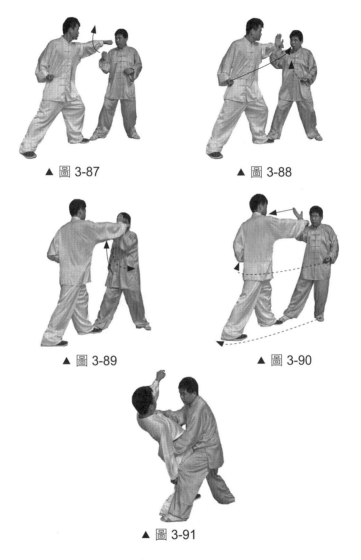

▲ 圖 3-87

▲ 圖 3-88

▲ 圖 3-89

▲ 圖 3-90

▲ 圖 3-91

## 二、掛擋捧封擊肋推腮

對方右腳前上一步，成為右弓步，同時，用左直拳向己方面部擊打；己方左腳左前上步，閃躲開對方來拳，並用右

臂向右後掛擋對方左來拳（圖 3-92）。對方見左拳攻擊失效，速用右直拳向己方面部擊來；己方上體左轉，速用兩手向左上捧封對方擊來之右拳（圖 3-93）。

接著，己方左掌掛住對方右臂，騰出右掌向對方右肋部橫擊（圖 3-94）。當對方吞腰躲己方右掌時，己方上體右轉，並用左右掌向對方右腮部推擊，使其頭部受傷（圖 3-95）。

**要點** 擋掛、捧封防守對方左右拳要及時。右掌擊肋與左掌推肋動作要聯貫、快速、猛狠，力達兩手。

▲ 圖 3-92　　　　　　　▲ 圖 3-93

▲ 圖 3-94　　　　　　　▲ 圖 3-95

## 三、左右捧封擊肋貫耳

對方右腳前上一步，成為右弓步，同時，用右拳向己方

左耳部貫擊；己方左腳前上一步，同時，用兩手向左上捧封住對方右拳臂（圖 3-96）。

對方見右拳攻擊失效，速用左推掌向己方面部推擊；己方上體右轉，同時，用兩手向右上捧封住對方左來掌之臂（圖 3-97）。己方右掌掛住對方左腕，同時，用左掌向對方左肋部橫擊（圖 3-98）。

接著，己方上體左轉，同時，用右拳向對方左耳部貫擊，使對方頭部受傷（圖 3-99）。

**要點** 左右捧封要及時，左掌擊肋要迅猛，右貫拳要快速、準確、有力，力達拳面。

▲ 圖 3-96　　　　　　　　▲ 圖 3-97

▲ 圖 3-98　　　　　　　　▲ 圖 3-99

## 四、掛臂挑防頂肘擊肋

對方右腳右上一步，成為馬步，同時，用右側衝拳向己方左肋部擊打；己方左腳前上半步，成為左虛步，同時，用左臂向左下掛開對方來拳（圖 3-100）。

對方見右拳攻擊失效，速前上左腳一步，同時，用左拳向己方面部擊打；己方左腳裏收半步，同時，用右臂向右上挑架開對方來拳（圖 3-101）。

接著，己方右手抓握住對方左腕向右上領，同時，前上左腳一步於對方襠前，身體右轉，成為馬步，並用左肘向對方左肋部頂擊，使對方肋部受傷（圖 3-102）。

▲ 圖 3-100

▲ 圖 3-101

▲ 圖 3-102

**要點** 掛臂、挑架防對方右、左兩拳要及時，右上領與進步、左頂肘擊對方左肋要協調一致，頂擊對方左肋要迅疾、猛狠，力達左肘肘尖。

## 第七節・黃鶯雙抱爪的實戰用法

黃鶯雙抱爪是兩掌齊出的一種技法，此招的兩掌齊出似黃鶯兩爪相抱而得名。兩掌齊出在實戰應用時常有雙掌並推，有兩掌相互對掐，有兩掌相抱等。

### 一、挑架雙托雙掌推胸

對方左腳前上一步，成為左弓步，同時，用左直拳向己方胸部擊打；己方左腳前上一步，成為左虛步，同時，左臂向左上挑架開對方左來拳（圖3-103）。

接著，對方左腳後撤一步，左拳屈肘收抱於左腰間，同時，用右直拳向己方面部擊打；己方右腳前上一步，同時，用兩手向上托對方右拳腕，防開其來拳（圖3-104）。動作不停，己方左腳前上一步，掛住對方右腿，成為左弓步，同時，己方

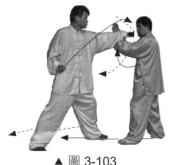

▲ 圖 3-103

▲ 圖 3-104

▲ 圖 3-105　　　　　　　　▲ 圖 3-106

用兩掌向前推擊對方胸部（圖 3-105），使對方右腳後退步而摔倒（圖 3-106）。

 挑臂、雙托防要及時，上步絆腿要牢，兩掌齊出推擊對方胸部要快速、準確、有力，力達兩掌。

## 二、挑架防扳腿推胸摔

對方左腳前上一步，成為左弓步，同時，用左直拳向己方面部擊打；己方左腳左前上步，成為左弓步，同時，偏身閃躲開對方來拳之鋒芒（圖 3-107）。接著，己方用右臂向右上挑架開對方之來拳（圖 3-108）。

接著，己方上體前傾，用右手從對方左大腿外側向前扳住對方左大腿，左掌按住對方胸部（圖 3-109）。動作不停，己方右手向後上扳拉提對方左腿，同時，用左掌向前下推對方胸部，使對方向右後側倒（圖 3-110）。

要點 閃身躲拳要及時，右臂向上挑架對方左臂要有向後帶勁，控制其不能變化。抱腿要牢固，扳拉提腿與推胸動作要協調一致，相對用力，上下之力形成力偶，迫使對方後倒，扳腿、推胸有力，力達兩手。

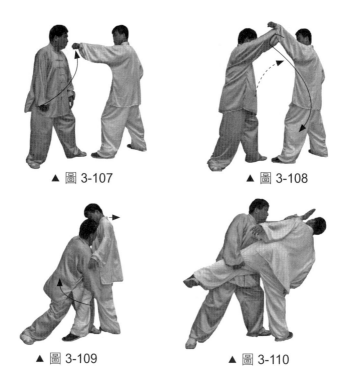

▲ 圖 3-107　　　　　　　▲ 圖 3-108

▲ 圖 3-109　　　　　　　▲ 圖 3-110

## 三、橫拍防拳攬腰掐喉

　　對方右腳前上一步，成為右弓步，同時，用右直拳向己方胸部擊打；己方左腳前上步，成為左虛步，同時，用右手向左橫拍開對方來拳（圖 3-111）。

　　接著，己方左腳繼續前上步於對方右腿後，別絆住對方右腿，同時，左臂從對方右肋側向對方腰後伸去攬抱住其腰（圖 3-112）。動作不停，己方用右掌虎口處卡掐對方喉頸，使對方後倒（圖 3-113）。

　　**要點**　橫拍防拳要及時，上步要快，別腿要牢，左臂攬腰要緊，右手掐喉要有力，力達右手。

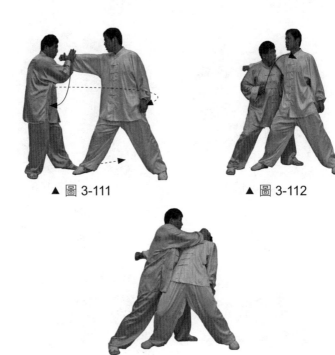

▲ 圖 3-111　　　　　　　▲ 圖 3-112

▲ 圖 3-113

## 四、雙掌托防雙掌推腹

對方右腳前上一步，成為右弓步，同時，用右直拳向己方面部擊打；己方左腳前上半步，成為左虛步，同時，用兩掌向上托開對方來拳（圖3-114）。

對方右腳後退步；己方左腳前上一步，成為左弓步，同時用兩掌向對方腹部推擊（圖3-115），使對方向後摔出（圖3-116）。

**要點**　上托防拳要及時，上步與推掌擊腹要協調一致，上步快速，雙推有力，力達兩掌。

▲ 圖 3-114　　　　　　▲ 圖 3-115

▲ 圖 3-116

# 第八節・立地通天炮的實戰用法

　　立地通天炮是一種勁力由下向上的技法。在實戰時通常運用攢拳、上插掌、上頂肘及上撞膝等，這些方法威力強大，似如砲彈，且又是由下向上或斜上擊出，故而名為通天炮。此招最顯著的特點就是力向由下向上，攻擊威力強大。

## 一、撥防壓肩頂肘擊腋

　　對方左腳前上一步，成為左弓步，同時，用左直拳向己方胸部擊打；己方左腳前上步，成為左虛步，同時，閃身躲

開對方來拳之鋒芒（圖 3-117）。動作不停，己方用左臂向左撥開對方來拳（圖 3-118）。

接著，己方左手順勢抓握住對方左腕，向左後回領對方左臂，同時，己方右腳前上一步於對方襠後，並用右掌向前下推擊對方右肩部，使對方前倒（圖 3-119）。

對方起身抗爭；己方趁勢屈右臂，用右肘向對方左腋下斜上頂擊（圖 3-120），使對方向右側後倒地（圖 3-121）。

要點 閃身、撥防拳要及時，上步、領臂與推肩要協調一致，右斜上頂擊對方左腋要迅疾、猛狠，勁力順暢，力達右肘肘尖。

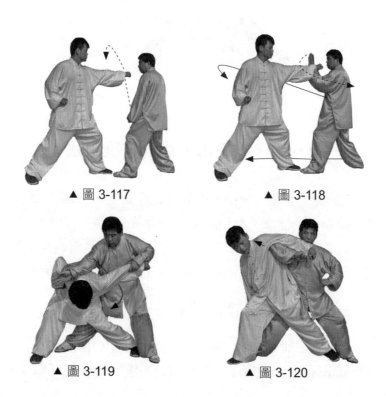

▲ 圖 3-117　　　　　　▲ 圖 3-118

▲ 圖 3-119　　　　　　▲ 圖 3-120

▲ 圖 3-121

## 二、按掌消拳穿掌刺喉

　　對方右腳前上一步，成為右弓步，同時，用右直拳向己方胸部擊打；己方左腳前上一步，成為左虛步，並閃身躲過其來拳鋒芒（圖 3-122）。

　　接著，己方左手向下按開對方右來拳（圖 3-123）。動作不停，己方用右穿掌向前上刺擊對方喉部，使對方喉部受傷（圖 3-124）。

　　**要點**　己方閃身躲避及左掌、按消對方右來拳要及時。穿掌刺喉要快速、準確、有力，力達右掌掌尖。

▲ 圖 3-122

▲ 圖 3-123

▲ 圖 3-124

### 三、撥擋防拳領臂穿喉

　　對方左腳前上一步，成為左弓步，同時，左拳向己方面部擊打；己方左腳前上一步，成為左弓步，同時，用左掌向左橫撥擋開對方來拳（圖 3-125）。接著，己方左手向左下抓握旋擰回領其臂，並用右掌向前上穿擊對方喉部（圖3-126），已方左用鬆握對方左腕，使對方後倒喉部受傷（圖3-127）。

　　**要點**　　撥防對方左拳要及時，左手回領對方左臂與右手穿擊對方喉部要協調一致，穿喉要快速、準確、有力，力達掌尖。

▲ 圖 3-125　　　　　　　　▲ 圖 3-126

▲ 圖 3-127

## 四、撥擋防拳頂胸撞喉

對方右腳前上一步，成為右弓步，同時，用右拳向己方胸部擊打；己方左腳前上一步，成為左虛步，同時，用左掌向左撥開對方來拳（圖 3-128）。

接著，己方左腳前上步於對方右腿外後側絆住其右腿，並用左肘直頂對方胸部（圖 3-129）。接著，己方上體左轉，並用右肘向前上撞擊對方喉部，使對方胸部、喉部受傷（圖 3-130）。

**要點** 撥防對方來拳要及時，左肘頂胸與右肘撞喉要聯貫、快速、猛狠，擊肘勁力要順，力達肘尖。

▲ 圖 3-128

▲ 圖 3-129

▲ 圖 3-130

第四章 之 三盤擊打
十大技法

人體分為上、中、下三盤，八極拳對上盤擊打有「雲、掠、點、提」，對中盤擊打有「挨、戳、擠、靠」，對下盤擊打有「吃根、埋根」，共十大技法。

現將十大技法介紹如下。

# 第一節·雲的實戰用法

雲是橫向平擊的一種掌法，勢如浮雲飄過，故而得名。雲可攻，可防。

## 一、右掌裏雲防拳

對方右腳前上一步，成為右弓步，同時，用右拳向己方面部擊打；己方右腳後退一步，成為左弓步，閃開對方來拳鋒芒（圖 4-1）。接著，己方右掌向左橫向雲斬開對之來拳（圖 4-2）。

　要點　閃身要及時，右掌向左雲斬對方來拳橫向用力，斬掌力達掌指外緣。

▲ 圖 4-1　　　　　　　　▲ 圖 4-2

## 二、左掌裏雲防拳

對方右腳前上一步，成為右弓步，同時，用右拳向己方面部擊打；己方右腳後退一步，成為左弓步，閃開對方來拳鋒芒（圖 4-3）。接著，己方用左掌向右橫向雲斬開對方之來拳（圖4-4）。

**要點** 閃身要及時，左掌向右雲斬對方來拳要橫向用力，斬掌力達掌小指外緣。

▲ 圖 4-3　　　　　　　　　▲ 圖 4-4

## 三、右掌裏雲防拳外雲斬頸

對方右腳前上一步，成為右弓步，同時，用右拳向己方面部擊打；己方右腳後退一步，成為左弓步，閃開對方來拳鋒芒（圖 4-5）。接著，己方用右掌向左橫向雲斬開對方之來拳（圖4-6）。

接著，己方左手抓握住對方右腕，同時，右腳前上步，並用右雲掌向右橫斬對方右頸側（圖 4-7）。動作不停，己方左手抓住對方右腕向左上提，同時，用右掌向右下切按對

方右頸側，使對方向左前側倒（圖 4-8）。

**要點** 閃身要及時，右掌向左雲斬對方來拳要橫向用力，斬掌力達掌小指外緣。右掌外斬頸要橫向用力，左手左上提與右掌右下斬按動作要協調一致，同時用力，勁力順暢，力達兩手。

▲ 圖 4-5　　　　　　　　▲ 圖 4-6

▲ 圖 4-7　　　　　　　　▲ 圖 4-8

## 四、右掌裏雲防拳外雲拍背

對方右腳前上一步，成為右弓步，同時，用右拳向己方面部擊打；己方右腳後退一步，成為左弓步，用右掌臂向左橫向雲斬開對方之來拳（圖 4-9）。

接著，己方左手抓握住對方右腕，同時，左腳前上一

步，並用右雲掌向右後橫雲拍對方後背（圖 4-10）。動作不停，己方左手抓住對方右腕向左上提前推，同時，用右掌向右後拍按對方後背，使對方向前倒（圖 4-11）。

　　**要點**　閃身要及時，右掌向左雲斬對方來拳要橫向用力，斬掌力達掌前臂。右掌外雲拍背要向右後用力，左手上提前推與右掌右後雲拍動作要協調一致，同時用力，勁力順暢，力達兩手。

▲ 圖 4-9　　　　　　　　　　▲ 圖 4-10

▲ 圖 4-11

## 五、左右外雲橫臂左打摔

　　對方右腳前上一步，成為右弓步，同時，用右拳向己方

面部擊打；己方右腳後退一步，成為左弓步，閃開對方來拳鋒芒（圖 4-12）。接著，己方用左掌向左橫向雲斬開對方之來拳（圖 4-13）。

對方見右拳攻擊失效，速用左直拳向己方面部擊打；己方用右掌向右橫雲斬開對方來拳（圖 4-14）。

接著，己方左腳前上半步於對方右腿外後側別絆住對方右腿，同時，左掌向左下按對方右臂，並用右臂向左下橫打對方左腋部（圖 4-15），使對方向右後側倒（圖 4-16）。

**要點** 閃身要及時，左、右掌外雲斬對方來拳要橫向用力，斬掌力達掌小指外緣。上步、左掌左下按與右臂左橫擊要協調一致，右臂橫擊對方左腋要迅疾、猛狠，勁力順暢，力達右臂。

▲ 圖 4-12　　　　　▲ 圖 4-13

▲ 圖 4-14　　　　　▲ 圖 4-15

▲ 圖 4-16

## 六、左掌外雲防絆腿右掌裏雲斬頸

對方右腳前上一步，成為右弓步，同時，用右拳向己方面部擊打；己方左腳前上步，成為左虛步，同時，用左掌外雲斬開對方右拳（圖 4-17）。

接著，己方左腳前上步於對方右腳外後側，掛住對方右腿，同時，左手順勢握住對方右腕向左後回領，並用右掌向左雲橫斬對方左頸側（圖 4-18）。

右掌繼續左橫斬，使對方向右側倒（圖 4-19）。

▲ 圖 4-17

▲ 圖 4-18

▲ 圖 4-19

**要點** 左雲掌防拳要及時，上步快速，絆腿要牢固，左手左下回領對方右臂與右雲掌向裏橫斬對方左頸側要協調一致，斬頸要快速、準確、有力，力達右掌側外緣。

## 七、右掌外雲防領臂左雲掌斬頸

對方右腳前上一步，成為右弓步，同時，右拳向己方胸部擊打；己方右腳後撤半步，成為左虛步，並閃身躲開對方來拳之鋒芒（圖 4-20）。

接著，己方用右掌向外雲斬開對方右來拳（圖 4-21）。動作不停，己方右掌順勢抓住對方右腕，向右後回領對方右臂，同時，用左掌向右橫雲斬擊對方後頸（圖 4-22），使對方前倒（圖 4-23）。

**要點** 右掌外雲防拳要及時，抓腕領臂與左雲掌斬擊對方後頸要協調一致，斬頸要快速、準確、有力，力達左掌小指側緣。

▲ 圖 4-20

▲ 圖 4-21          ▲ 圖 4-22

▲ 圖 4-23

## 八、左掌裏雲防絆腿左雲掌斬背

對方右腳前上一步，成為右弓步，同時，用右直拳向己方胸部擊打；己方右腳後退半步，成為左虛步，並用左雲掌向右斬開對方右來拳（圖 4-24）。

動作不停，己方右手抓住對方右腕，左掌固住對方右肘部，同時，己方左腳前上一步於對方右腿前絆住對方右腿（圖 4-25）。

接著，己方右手握其右腕向右後回領其臂，並用左雲掌向右下斬擊對方後背部，使對方前倒（圖 4-26）。

▲ 圖 4-24　　　　　　　　▲ 圖 4-25

▲ 圖 4-26

**要點**　左雲掌防拳要及時，上步要快速，絆腿要牢固，右手握對方右腕回領與左雲掌斬對方後背要協調一致，斬背要快速、有力，力達左掌小指外緣。

## 九、左掌裏雲防外雲斬頸

對方左腳前上一步，成為左弓步，同時，用左拳向己方胸部擊打；己方右腳後撤半步，成為左虛步，閃身躲開對方來拳之鋒芒（圖 4-27）。

接著，己方用左雲掌向右橫斬開對方來拳（圖 4-28）。動作不停，己方右手抓住對方左腕向右後回領，同時，用左雲掌向左橫斬對方後頸，使對方向右前側倒（圖 4-29）。

**要點** 閃身、左掌裏雲防拳要及時，上步、右手領臂與左外雲掌斬頸要協調一致，斬頸要快速、準確、有力，力達左掌小指側緣。

▲ 圖 4-27　　　　　　　　▲ 圖 4-28

▲ 圖 4-29

## 十、左掌外雲防絆腿攬胸摔

對方左腳前上一步，同時，用左拳向己方面部擊打；己方右腳稍向後撤，成為左虛步，同時，左掌外雲斬開對方左拳（圖 4-30）。

接著，己方左腳前上半步於對方左腿後側，絆住對方左腿，同時，左臂從對方胸前穿過（圖 4-31）。動作不停，己方左臂向右下攬抱橫打按，使對方後倒（圖 4-32）。

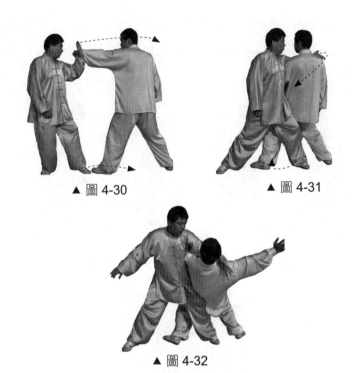

▲ 圖 4-30　　　　　　　▲ 圖 4-31

▲ 圖 4-32

**要點**　左外雲掌防拳要及時，左上步要快速，絆腿要牢固，左臂攬抱打按對方胸部要快速、有力，力達左臂。

## 十一、左右雲掌防拳斬肘按肩

對方左腳前上一步，成為左弓步，同時，用左拳向己方胸部擊打；己方左腳前上半步，成為左虛步，同時，偏身閃過對方來拳之鋒芒（圖4-33）。

接著，己方用左雲掌向外斬開對來拳（圖4-34）。動作不停，己方上體左轉，同時，用右雲掌向左橫斬對方左肘關節（圖4-35）。

接著，己方左手握對方左腕上提，同時，用右掌向下按對

方左肩，使對方左肩受傷（4-36）。

**要點** 閃防、左雲掌外斬防要及時，左手領對方左臂與右雲掌向右斬對方左臂肘關節要協調。左手上提對方左臂與右掌下壓對方左肩要一致。按肩有力，力達右掌。

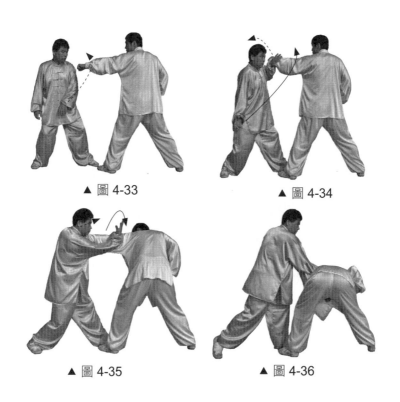

▲ 圖 4-33

▲ 圖 4-34

▲ 圖 4-35

▲ 圖 4-36

# 第二節・掠的實戰用法

掠就是從外向裏引領或向裏捋帶的一種技法，屬於控制術。往往與其他擊打技法相結合，則能產生較佳的擊打效果。

# 一、右手扣腕掠帶

對方右腳前上一步，成為右弓步，同時，用右拳向己方胸部擊打；己方左腳左前上步閃身躲開對方來拳之鋒芒（圖4-37）。

同時，用右手五指扣住對方右腕（圖4-38）。順對方右拳來勁向右後下掠帶，使對方前跌（圖4-39）。

**要點** 閃身躲拳要及時，右手五指扣腕要牢固，掠帶對方右臂要有力，力達五指。

▲ 圖 4-37

▲ 圖 4-38

▲ 圖 4-39

## 二、左掌固肘掠帶

對方右腳前上一步，成為右弓步，同時，用右拳向己方胸部擊打；己方左腳左前上步閃身躲開對方來拳之鋒芒（圖4-40）。

接著，己方左掌貼固住對方右肘（圖4-41），順對方右拳之來勁，固其肘向右掠帶對方右臂，使對方前跌（圖4-42）。

**要點** 閃身躲拳要及時，左手貼其肘要牢固，右掠帶對方右臂要順其來勁。

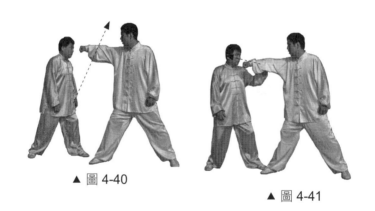

▲ 圖 4-40

▲ 圖 4-41

▲ 圖 4-42

### 三、刁腕領臂掠腮

對方右腳前上一步，成為右弓步，同時，用右拳向己方胸部擊打；己方左腳左前上步閃身躲開對方來拳之鋒芒（圖4-43）。

接著，己方左腳繼續前上步於對方右腳外後側，掛住對方右腿，同時，左手刁抓住對方右腕向左後回領其右臂，並用右手四指扣住對方腮部向裏掠拽，使對方面部受傷且向右前倒（圖4-44）。

**要點** 閃身躲拳要及時。上步絆腿要牢，左手領臂與右手掠腮動作要協調一致。掠腮時，右手四指扣腮要牢固，掠腮要快速、有力，力達右手。

▲ 圖 4-43

▲ 圖 4-44

### 四、雙手黏右臂捋掠

對方右腳前上一步，成為右弓步，同時，用右拳向己方面部擊打；己方左腳左前上步閃身躲開對方來拳之鋒芒（圖4-45）。己方用兩手黏住對方右臂向裏捋掠對方右臂，使對方向前傾倒（圖4-46）。

▲ 圖 4-45　　　　　　　　▲ 圖 4-46

**要點**　閃身躲拳要及時。兩手黏其臂要牢，向裏捋掠對方右臂借對方來拳之勁，順勢捋掠。

## 五、雙手黏左臂捋掠

對方左腳前上一步，成為左弓步，同時，用左拳向己方胸部擊打；己方左腳左前上步閃身躲開對方來拳之鋒芒（圖4-47）。己方兩手黏住對方左臂向裏捋掠對方左臂，使對方向前傾倒（圖4-48）。

**要點**　閃身躲拳要及時。兩手黏其臂要牢，向裏捋掠對方左臂借對方來拳之勁，順勢捋掠。

▲ 圖 4-47　　　　　　　　▲ 圖 4-48

## 六、左手領臂右手扣肩胛掠拽

對方左腳前上一步，成為左弓步，同時，用左直拳向己方腹部擊打；己方左腳左前上步，成為左虛步，同時，用左手接抓住對方來拳之腕向左後回領其臂（圖4-49）。

接著，左己方腳前上一步於對方左腳內前側，絆住其左腿，同時，右手五指扣在對方左肩胛緣向裏掠拽，使對方向前傾倒（圖4-50）。

**要點** 左手接抓對方左腕向左後回領對方左臂，上步要快速，絆腿要牢固，右手扣住對方肩胛要牢固，向裏掠拽要有力，力達右手五指。

▲ 圖 4-49　　　　　　▲ 圖 4-50

## 七、扣腕掠臂擊面

對方右腳前上一步，成為右弓步，同時，對方用右拳向己方胸部擊打；己方左腳左前上步閃身躲開對方來拳之鋒芒（圖 4-51）。接著，己方用右手扣住對方右腕並掠帶對方右臂（圖 4-52）。動作不停，己方用左直拳向對方面部擊打，使對方面部受傷（圖 4-53）。

　　**要點**　閃身躲拳要及時。右手扣腕要牢固，回領對方右臂要順其來拳之勁。左拳擊打對方面部，要快速、準確、有力，力達左拳拳面。

▲ 圖 4-51　　　　　　　　　▲ 圖 4-52

▲ 圖 4-53

## 八、扣腕掠臂擊肋

　　對方右腳前上一步，成為右弓步，同時，用右拳向己方胸部擊打；己方左腳左前上步，同時，用右手扣住對方右腕掠帶對方右臂（圖 4-54）。動作不停，己方用左直拳向對方右肋部擊打，使對方肋部受傷（圖 4-55）。

　　**要點**　閃身躲拳要及時。右手扣腕要牢固，回領對方右臂要順其來拳之勁。左拳擊打對方肋部，要快速、準確、有力，力達左拳拳面。

▲ 圖 4-54                    ▲ 圖 4-55

## 九、雙手捋臂接捋腮

對方右腳前上一步，成為右弓步，同時，用右拳向己方胸部擊打；己方左腳左前上步，同時，己方用兩手黏住對方右臂並向裏捋掠（圖 4-56）。接著，己方左手固住對方後腦，同時，用右手四指扣住對方左腮部，向裏掠拽，使對方頭部受傷（圖 4-57）。

**要點** 兩手黏其臂要牢，向裏捋掠對方右臂要藉其來拳之勁，順勢捋掠。掠腮時，左手固對方後腦要牢固，右手扣對方左腮要牢，向裏掠拽要有力，力達五指。

▲ 圖 4-56                    ▲ 圖 4-57

## 十、托肘掠臂進步靠胸摔

對方左腳前上一步，成為左弓步，同時，用左直拳向己方面部擊打；己方左腳前上一步，成為左虛步，同時，用右手從對方左臂下托住對方肘部，順其來拳之勁向左後掠帶，使對方前傾（圖 4-58）。當對方回抽左臂調整身體重心時，己方右腳前上一步，於對方左腿後外側，別絆住其左腿，己方右臂從對方胸部向右穿過，並用右臂向右後靠擊對方胸部（圖 4-59），使對方後摔（圖 4-60）。

**要點** 托肘要及時，掠臂要順其來拳之勁，上步快速，別絆腿要牢固，右臂靠擊對方胸部要有力，力達右臂。

▲ 圖 4-58　　　　　　　▲ 圖 4-59

▲ 圖 4-60

## 十一、托腕掠臂進身扛胸摔

對方左腳前上一步，成為左弓步，同時，用左直拳向己方面部擊打；己方左腳前上一步，成為左虛步，同時，用右手從對方左臂下托住對方左腕部，順其來拳之勁向左後掠帶，使對方前傾（圖 4-61）。

當對方回抽左臂調整身體重心時，己方左腳前上一步，向前進身，並用左肩向前靠扛對方胸部，使對方胸部受傷（圖 4-62）。

**要點** 托腕要及時，掠臂要順其來拳之勁，上步快速，左肩靠扛對方胸部要有力，力達左肩。

▲ 圖 4-61　　　　　　　▲ 圖 4-62

## 十二、托肘掠臂進步胯撞攬胸摔

對方左腳前上一步，成為左弓步，同時，用左直拳向己方面部擊打；己方左腳前上一步，成為左虛步，同時，用右手從對方左臂下托住對方左肘部，順其來拳之勁向左後掠帶，使對方前傾（圖 4-63）。

當對方回抽左臂調整身體重心時，己方左腳前上一步，

於對方左腿外後側，別絆住對方左腿，並用胯靠撞對方臀部（圖 4-64）。接著，己方左臂從對方胸前穿向前過，用左臂攬住對方胸部，向右前下攬按，使對方向後摔（圖 4-65）。

**要點** 托肘要及時，掠臂要順其來拳之勁，上步快速，別絆腿要牢固，左胯靠撞對方要迅猛，右臂攬對方胸部向下攬按要有力，力達左臂。

▲ 圖 4-63

▲ 圖 4-64

▲ 圖 4-65

## 十三、領臂掠頸右拳砸面

對方右腳前上一步，成為右弓步，同時，用右拳向己方腹部擊打；己方左腳左前上步，成為左虛步，同時，用右手接抓住對方右腕向右後回領（圖 4-66）。

接著，己方左手向前扳住對方後右頸部（圖 4-67），向回掠對方後頸，使對方向前傾（圖 4-68）。當對方後掙右臂時，己方藉對方後抽臂之勁，向前用右翻背拳向對方右面部砸擊（圖 4-69）。

**要點** 接抓對方右腕要及時，掠頸要快速有力。右拳砸擊對方面部要快速、準確、有力，力達右拳拳背。

▲ 圖 4-66

▲ 圖 4-67

▲ 圖 4-68

▲ 圖 4-69

## 十四、抓腕捋頸雙推臂

對方右腳前上一步成為右弓步，同時，用右拳向己方腹部擊打；己方左腳左前上步，成為左虛步，同時，用右手接抓住對方右腕向右後回領（圖 4-70）。接著，己方左手向前

扳住對方後右頸部（圖 4-71），向回掠對方後頸，使對方向前傾（圖 4-72）。當對方向後回掙時，己方順其勁用兩手向前推右臂肩，使對方側倒（圖 4-73）。

　　**要點**　接抓對方右腕要及時，掠頸要快速有力。前推對方右肩臂時，要藉對方回抽臂之勁，前推要有力，力達兩手。

▲ 圖 4-70　　　　　　　▲ 圖 4-71

▲ 圖 4-72　　　　　　　▲ 圖 4-73

## 十五、抓踝掠腿摔跪膝

　　對方左腿支撐身體，同時，用右腿向己方腹部蹬擊；己方左腳左前上步，成為馬步，同時，用兩手接抓住對方來腿踝部（圖 4-74），順其來勁向右後掠拉對方右腿（圖 4-75），

使對方劈腿跌地（圖 4-76）。接著，己方用左膝下跪對方膝關節，使對方膝部受傷（圖 4-77）。

**要點** 接抓對方踝部要及時，向後掠拉對方右腿要藉對方蹬腿之勁，跪膝要反其膝關節，下跪要準確、猛狠。

▲ 圖 4-74          ▲ 圖 4-75

▲ 圖 4-76          ▲ 圖 4-77

## 十六、抄托掠腿右肘砸臂

　　對方右腳支撐身體，同時，用左腳向己方腹部蹬擊；己方右腳右前上步，向右偏身躲過對方來腿（圖 4-78）。接著，己方用右手向上抄托住對方左腿（圖 4-79）。藉對方左腿之蹬勁，順勁向左掠對方左腿（圖 4-80），使對方劈腿跌地；己方用右肘向對方後背砸擊，使對方後背受傷（圖 4-81）。

**要點** 閃身躲腿要及時，抄托腿要牢固，掠對方左腿藉對方蹬腿之勁，順勁掠之，掠腿要快速、有力，力達右手。

▲ 圖 4-78

▲ 圖 4-79

▲ 圖 4-80

▲ 圖 4-81

## 第三節・點的實戰用法

點是運用掌尖或指尖或指關節頂或拳短快啄擊對方穴位或薄弱部位的一種技法。

### 一、摟按防右掌點太陽穴

對方右腳前上一步，成為右弓步，同時，用右拳向己方胸部擊打；己方左腳左前上步，閃身躲開對方來拳之鋒芒（圖 4-82）。接著，己方用左手摟按對方右拳腕，防開對方

右拳（圖 4-83）。動作不停，己方用右掌掌尖向對方右太陽穴點擊，使對方太陽穴受傷（圖 4-84）。

**要點**　閃身、摟按防拳要及時；右掌掌尖點擊對方右太陽穴要快速、準確、有力，力達掌尖。

▲ 圖 4-82　　　　　　　　　▲ 圖 4-83

▲ 圖 4-84

## 二、按防領臂雙指點天突穴

對方右腳前上一步，成為右弓步，同時，用右拳向己方胸部擊打；己方左腳前上一步，成為左虛步，同時，用左手向前下按消對方來拳（圖 4-85）。

接著，己方用左手抓住對方右腕，向左後回領對方右臂，同時，己方用右手食中兩指尖頂點擊對方喉部，使對方

喉部受傷（圖 4-86）。

**要點** 按消對方來拳要及時，抓腕回領對方右臂與右手食中兩指點擊對方喉部要協調一致，右手食中兩指點擊對方喉部要快速、準確、有力，力達右手食中兩指尖端。

▲ 圖 4-85　　　　　　　　▲ 圖 4-86

## 三、摟防領臂右拳點擊耳門穴

對方左腳前上一步，成為左弓步，同時，用左直拳向己方胸部擊打；己方左腳左前上步，閃身躲開對方左拳鋒芒（圖 4-87）。接著，己方用左拳向左摟開對方左拳（圖 4-88）。動作不停，己方左手順勢接抓住對方左腕，向左後

▲ 圖 4-87　　　　　　　　▲ 圖 4-88

▲ 圖 4-89

回領對方左臂，同時，用右拳向對方左耳門穴點擊，使對方左耳門受傷（圖 4-89）。

**要點** 摟手防拳要及時，左手抓對方左腕回領其臂與右拳點擊對方左耳門穴動作要協調一致，右拳點擊對方左耳門要穴快速、準確、有力，力達右拳。

## 四、摟防領腕右拳點擊京門穴

對方左腳前上一步，成為左弓步，同時，用左直拳向己方胸部擊打；己方左腳左前上步，閃身躲開對方左拳鋒芒（圖 4-90）。

接著，己方用左拳向左摟開對方左拳（圖 4-91）。動作不停，己方左手順勢接抓住對方左腕，向左後回領對方左臂，同時，用右直拳點擊對方左京門穴，使對方京門穴受傷（圖 4-92）。

**要點** 摟手防拳要及時，左手抓對方左腕回領其臂與右拳點擊對方左京門穴動作要協調一致，右拳點擊對方左京門穴要快速、準確、有力，力達右拳。

▲ 圖 4-90　　　　　　▲ 圖 4-91

▲ 圖 4-92

## 五、摟防領臂右掌點擊中脘穴

對方右腳前上一步，成為右弓步，同時，用右直拳向己方胸部擊打；己方左腳左前上步，閃身躲開對方右拳鋒芒（圖 4-93）。接著，己方用左手向左摟開對方右拳（圖 4-94）。動作不停，己方左手順勢接抓住對方右腕，向左後回領對方右臂，同時，用右拳點擊對方中脘穴，使對方中脘穴受傷（4-95）。

**要點**　摟手防拳要及時，左手抓對方右腕回領其臂與右拳點擊對方中脘穴動作要協調一致，右拳點擊對方中脘穴要快速、準確、有力，力達右拳。

▲ 圖 4-93　　　　　　　　▲ 圖 4-94

▲ 圖 4-95

## 六、撥防抓腕領臂點擊天宗穴

對方左腳前上一步，成為左弓步，同時，用左直拳向己方胸部擊打；己方左腳左前上步，偏身閃躲開對方來拳之鋒芒（圖 4-96）。接著，己方用左掌向外撥防開對方來拳（圖 4-97）。動作不停，己方左手抓住對方左腕處旋擰並向左後回領其臂（圖 4-98）。接著，己方用右掌尖，點擊對方左天宗穴，使對方天宗穴受傷（圖 4-99）。

　　**要點**　閃身防拳要及時，抓腕領臂與右掌點擊對方左天宗穴要協調一致，右掌點擊對方天宗穴要快速、準確、有力，力達右掌尖端。

▲ 圖 4-96　　　　　　　　　▲ 圖 4-97

▲ 圖 4-98　　　　　　　　　▲ 圖 4-99

## 七、架防領臂右掌點擊天突穴

　　對方右腳前上一步，成為右弓步，同時，用右直拳向己方胸部擊打；己方左腳左前上步，閃身躲開對方右拳鋒芒（圖 4-100）。接著，己方用左拳向左架擋開對方右拳（圖 4-101）。動作不停，己方左手順勢接抓住對方右腕，向左後回領對方右臂，同時，用右掌點擊對方天突穴，使對方天突穴受傷（4-102）。

　　**要點**　架擋防拳要及時，左手抓對方右腕回領其臂與右掌點擊對方天突穴動作要協調一致，右掌點擊對方天突穴要快速、準確、有力，力達右掌掌尖。

▲ 圖 4-100　　　　　　　▲ 圖 4-101

▲ 圖 4-102

## 八、架防領臂左掌穿擊點喉

對方右腳前上一步，成為右弓步，同時，用右直拳向己方胸部擊打；己方左腳左前上步，閃身躲開對方右拳鋒芒（圖 4-103）。

接著，己方用左拳向左架擋開對方右拳（圖 4-104）。動作不停，己方右掌右擺，同時，左掌左穿，用左掌點擊對方喉部，使對方喉部受傷（圖 4-105）。

**要點**　架擋防拳要及時，左掌點擊對方喉部要快速、準確、有力，力達左掌。

▲ 圖 4-103　　　　　　　　▲ 圖 4-104

▲ 圖 4-105

## 九、架防翻拳點擊耳門穴

對方左腳前上一步，成為左弓步，同時，用左拳向己方胸部擊打；己方右腳前上一步，閃身躲開對方來拳之鋒芒，並用右臂向右架擋防開對方左拳（圖 4-106）。

接著，己方右腳繼續進步於對方左腿外後側，並用右翻臂拳向對方左耳門穴點擊，使對方耳門穴受傷（圖 4-107）。

**要點**　閃身、架擋防對方來拳要及時，進身、翻拳點擊對方左耳門穴動作要協調一致，點穴要快速、準確、有力，力達右拳拳背。

▲ 圖 4-106　　　　　　　　　▲ 圖 4-107

## 十、架擋防左掌點喉

對方左腳前上一步，成為左弓步，同時，用左拳向己方胸部擊打；

己方右腳前上一步，閃身躲開對方來拳之鋒芒，並用右臂向右架擋防開對方左拳（圖 4-108）。

接著，己方右腳繼續進步於對方左腿外後側，並用左掌向前穿掌點擊對方喉部，使對方喉部受傷（圖 4-109）。

**要點**　閃身、架擋防對方來拳要及時，進身要快，左穿掌點擊對方喉部要快速、準確、有力，力達左掌掌尖。

▲ 圖 4-108　　　　　　　　　▲ 圖 4-109

## 十一、架擋防右拳點擊中脘穴

對方左腳前上一步，成為左弓步，同時，用左拳向己方胸部擊打；己方右腳前上一步，閃身躲開對方來拳之鋒芒，並用右臂向右架擋防開對方左拳（圖 4-110）。接著，己方右腳繼續進步於對方左腿外後側，並用右側衝拳向對方中脘穴點擊，使對方中脘穴受傷（圖 4-111）。

**要點** 閃身、架擋防對方來拳要及時，進身要快，右拳點擊對方中脘穴要快速、準確、有力，力達右拳。

▲ 圖 4-110

▲ 圖 4-111

## 十二、架防領臂右拳點擊下頦部

對方右腳前上一步，成為右弓步，同時，用右直拳向己方胸部擊打；己方左腳左前上步，閃身躲開對方右拳鋒芒（圖 4-112）。接著，己方用左臂向左架擋開對方右拳（圖 4-113）。動作不停，己方右拳向前上攢，用右拳點擊對方下頦部，使對方下頦部受傷（圖 4-114）。

**要點** 架擋防拳要及時，右拳點擊對方下頦部要快速、準確、有力，力達右拳。

▲ 圖 4-112　　　　　　▲ 圖 4-113

▲ 圖 4-114

## 十三、抓腕領臂右拳點擊右乳中穴

　　對方右腳前上一步，成為右弓步，同時，用右拳向己方胸部擊打；己方左腳左前上步，閃身躲開對方來拳之鋒芒（圖 4-115）。接著，己方用左手接抓住對方右拳腕，防開對方右拳（圖 4-116）。

　　動作不停，己方用右拳向對方右乳中穴點擊，使對方乳中穴受傷（圖 4-117）。

　　**要點**　閃身、接抓防拳要及時；左手抓腕回領對方右臂與右拳點擊對方乳中穴要協調一致。右拳點擊對方右乳中穴要快速、準確、有力，力達右拳。

▲ 圖 4-15　　　　　　　　▲ 圖 4-116

▲ 圖 4-117

# 第四節・提的實戰用法

提是由下向上的勁力，是一種向上拿、打、頂、撞的技法。在八極拳實戰應用裏通常有提腕領臂、提膝向上頂撞等招法。

## 一、挑架防領臂扳頸提膝撞胸

對方右腳前上一步，成為右弓步，同時，用右直拳向己方胸部擊打；己方左腳左前上步，閃身躲開對方右拳鋒芒（圖 4-118）。接著，己方用左臂向左架擋開對方右拳（圖 4-119）。動作不停，己方左手抓握住對方右腕向左回領其

臂，同時，左腿支撐身體，並用右手扳住對方後頸向右後下扳按（圖 4-120）。接著，己方提右膝向上頂撞對方胸部，使對方胸部受傷（圖 4-121）。

**要點** 架擋防拳要及時，左手抓腕向左回領對方右臂與右手扳摟對方後頸要一致，左腿支撐要穩，右手扳按對方後頸與右膝上撞要協調，右膝上撞要猛狠，勁力順暢，力達右膝。

▲ 圖 4-118　　　　　　▲ 圖 4-119

▲ 圖 4-120　　　　　　▲ 圖 4-121

## 二、抓腕領臂右拳擊胸提膝踩膝

對方右腳前上一步，成為右弓步，同時，用右拳向己方胸部擊打；己方左腳左前上步，閃身躲開對方來拳之鋒芒

（圖 4-122）。接著，己方用左手接抓住對方右拳腕，防開對方右拳（圖 4-123）。

動作不停，左腿支撐身體，同時，用右拳擊打對方胸部，並提右腿，用右腳向對方右膝關節踩擊，使對方胸部、膝部受傷（圖 4-124）。

要點 閃身、接抓防拳要及時；左手抓腕回領對方右臂與右拳擊胸和右腳踩擊對方右膝關節要協調一致，踩對方右膝關節要反其關節，擊胸要快速、準確、有力，力達右拳。

▲ 圖 4-122　　　　　▲ 圖 4-123

▲ 圖 4-124

## 三、接抓腕領臂提臂挎肘

對方左腳前上一步，成為左弓步，同時，用左拳向己方

胸部擊打；己方左腳前上步，成為左虛步，同時，用左臂向左上挑架防住對方左來拳（圖 4-125）。接著，己方左手順勢抓住對方左腕向左回領對方左臂，同時，右臂從對方左臂下左穿向上提、挎對方左肘，並用左手下壓對方左腕，使對方左肘受傷（圖 4-126）。

**要點** 接抓腕防拳要及時，領臂與挎肘要同時，挎肘要反關節，挎肘有力，力達右臂。

▲ 圖 4-125　　　　　　▲ 圖 4-126

## 四、挑擋防別胸提膝撞背

對方左腳前上一步，成為左弓步，同時，用左拳向己方面部擊打；己方左腳前上步，成為左虛步，同時，用左掌向左上挑架開對方來拳（圖 4-127）。

接著，己方左手順勢抓握對方左臂向左旋擰並回領，右臂從對方左腋下過胸穿過，向右後別胸，左腿支撐身體，右腿準備上提（圖 4-128）。動作不停，己方提右膝向對方後背頂撞，使對方背部受傷（圖 4-129）。

**要點** 左掌左上撥防對方左拳要及時，抓握領臂與右臂別胸及右膝頂撞對方後背要一致，頂撞對方後背要迅疾、猛狠。

▲ 圖 4-127　　　　　　▲ 圖 4-128

▲ 圖 4-129

## 五、閃防扳腕屈臂提挎肘

　　對方左腳前上一步，成為左弓步，同時，用左直拳向己方胸部擊打；己方左腳前上一步，成為左虛步，同時，用右手撥開對方來拳（圖 4-130）。

　　接著，己方右手外旋撐並向右回領對方左臂，同時，左臂從對方左上臂下前伸（圖 4-131）。動作不停，屈左臂向上提挎對方左肘關節，並向前推扳腕以加大對對方挎肘的力度，使對方肘部受傷（圖 4-132）。

　　**要點**　閃身防對方左拳要及時，抓腕要牢，挎提肘與領臂扳腕要協調一致，挎肘要反其關節，提挎肘要有力，力達左臂。

▲ 圖 4-130　　　　　　　　▲ 圖 4-131

▲ 圖 4-132

## 六、閃防挎肘提臂頂肋

對方左腳前上一步，成為左弓步，同時，用左直拳向己方胸部擊打；己方左腳前上一步，成為左虛步，同時，用右手撥開對方來拳（圖 4-133）。

接著，己方右手外旋擰並向右回領對方左臂，同時，左臂從對方左上臂下前伸，屈臂向上提挎對方左肘關節，並向前推扳腕以加大對對方挎肘的力度（圖 4-134）。接著，己方右手握住對方左腕向右上提領對方左臂，同時，用左肘頂擊對方左肋部，使對方左肋受傷（圖 4-135）。

**要點**　閃身防對方左拳要及時，抓腕要牢，挎提肘與

領臂扳腕要協調一致，挎肘要反其關節，提挎肘要有力。右手向右上提領對方左臂與左頂肘要協調一致，頂肋要迅疾、猛狠，勁力順暢，力達左肘。

▲ 圖 4-133　　　　　　　　▲ 圖 4-134

▲ 圖 4-135

## 七、刁腕領臂扒背提膝撞胸

對方左腳前上一步，成為左弓步，同時，用左拳向己方腹部擊打；己方左腳左前上步，成為左虛步，同時，用右手刁抓住對方右腕，向右後回領對方左臂（圖 4-136）。接著，己方兩臂從對方右側向外扒住對方後背（圖 4-137）。

動作不停，己方兩手扒住對方後背回扳，同時，左腿支撐身體，提右膝向前上頂撞對方胸部，使對方胸部受傷（圖

▲ 圖 4-136　　　　　　　▲ 圖 4-137

▲ 圖 4-138

4-138）。

　　**要點**　抓腕領臂防拳要及時，雙手回扒對方後背與右膝頂撞對方胸部要協調一致，撞胸要迅疾、猛狠，勁力順暢，力達右膝。

## 八、架擋防提右腳踩膝

　　對方右腳前上一步，成為右弓步，同時，用右直拳向己方胸部擊打；己方左腳左前上步，閃身躲開對方來拳之鋒芒（圖4-139）。

　　接著，己方用左臂向左上架擋開對方來拳（圖4-140）。接著，己方左腿支撐身體，同時，己方用右腳向對方右膝關

▲ 圖 4-139　　　　　　　▲ 圖 4-140

▲ 圖 4-141

節外側踹擊，使對方右膝搓傷（圖 4-141）。

**要點**　閃身、架擋來拳要及時，支撐腿要穩，右腿踩擊對方右膝關節要快速、準確、有力，力達右腳。

## 九、提臂絆腿頂腹靠胸

對方右腳前上一步，成為馬步，同時，用右側衝拳向己方胸部擊打；己方左腳前上一步，成為左虛步，同時，吞身閃躲開對方來拳（圖 4-142）。

接著，己方左腳繼續前上步於對方右腿外後側，別絆住對方右腿，同時，用右手抓握住對方來拳之腕，右上提領對方右臂（圖 4-143）。動作不停，己方用左肘向對方腹部頂

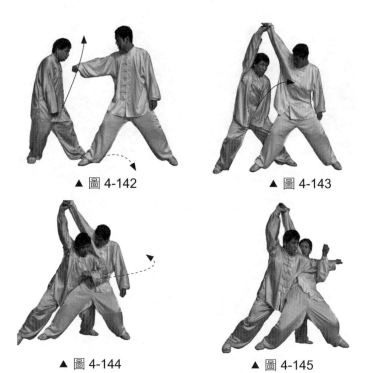

▲ 圖 4-142　　　　　　　▲ 圖 4-143

▲ 圖 4-144　　　　　　　▲ 圖 4-145

擊（圖 4-144）。接著，己方左臂向左後橫擊對方胸部，使
對方後倒（圖 4-145）。

　　**要點**　閃身防拳要及時，領臂上提對方右臂與左肘頂
擊對方腹部要一致。絆腿要牢。絆腿與左臂橫向擊胸要協調
一致，擊胸要有力，力達左臂。

## 十、接腿上提砸膝擊腹攢頦

　　對方左腿支撐身體，同時，用右腿向己方胸部蹬擊；己
方用右手接抓住對方來腿上提（圖 4-146）。同時，屈左臂
向下砸擊對方右膝關節（圖 4-147）。

　　接著，己方左拳臂右擺（圖 4-148）。動作不停，用左

臂向左後橫擊對方腹部（圖 4-149）。接上動作，己方用右攢拳向上擊打對方下頦，使對方頦部受傷（圖 4-150）。

**要點** 接腿上提要及時，左肘砸對方右膝關節要反其關節，下砸有力。下砸膝與左臂橫擊對方腹部要聯貫。右拳攢擊對方頦部要突然、快速、準確、有力，力達右拳。

▲ 圖 4-146　　　　▲ 圖 4-147

▲ 圖 4-148　　　　▲ 圖 4-149

▲ 圖 4-150

# 第五節・挨的實戰用法

挨是一種貼靠對方的技擊技法，屬於短打之法。通常用於擒拿和摔法之中，是八極拳的常用方法。

## 一、挨胸扳肘

對方右腳前上一步，成為右弓步，同時，用右拳向己方胸部擊打；己方左腳前上一步，成為左弓步，並閃身躲開對方來拳之鋒芒（圖 4-151）。

己方左腳繼續前上步，左胸向前挨，兩手扒住對方右肘關節（圖 4-152），向裏、向下扳拉，使對方右肘、肩關節受傷而不能動彈（圖 4-153）。

▲ 圖 4-151

▲ 圖 4-152

▲ 圖 4-153

　　**要點**　閃身躲拳要及時，扳肘挨胸要一致，挨胸向前，扳肘向裏，同時用力，勁力順暢，力達兩手及左胸部。

## 二、領臂挨肘

　　對方右腳前上一步，成為右弓步，同時，用右拳向己方胸部擊打；己方左腳左前上一步，閃開對方右拳鋒芒，並用右手向外撥開對方來拳（圖 4-154）。接著，己方右手順勢抓握住對方右腕向右後回領對方右臂（圖 4-155）。動作不停，左腳左上一步，同時，身體右轉，並用左臂向右前挨靠對方右肘關節，使對方右肘關節受傷（圖 4-156）。

　　**要點**　閃身要及時，抓腕領臂、轉身與左臂挨靠對方右肘要一致，挨靠肘要反其關節，挨靠要有力，力達左臂。

▲ 圖 4-154　　　　　　　　▲ 圖 4-155

▲ 圖 4-156

### 三、領臂肩挨靠背左橫臂擊胸

對方右腳右側上步，同時，用右側衝拳向己方左胸部擊打；己方左腳左前上步，閃身躲開對方來拳之鋒芒（圖4-157）。

接著，己方左腳繼續前上步於對方右腿外後內方，右手抓握住對方右腕向右後回領對方右臂，同時，上體右轉，並用左肩挨靠對方右後背（圖4-158）。動作不停，己方用左臂向左後橫擊對方胸部，使對方後摔（圖4-159）。

**要點** 閃身要及時，抓腕領臂、轉身與左肩挨靠對方右後背要協調一致。左臂向左後橫擊對方胸部要有力，力達左臂。

▲ 圖 4-157

▲ 圖 4-158

▲ 圖 4-159

## 四、撥防挨胯攬背摔

對方右腳右側上步，同時，用右側衝拳向己方左胸部擊打；己方左腳左前上步，閃身躲開對方來拳之鋒芒（圖4-160）。

接著，己方用左掌向外撥開對方來拳（圖4-161）。動作不停，己方左腳前上一步於對方襠前，同時用左胯挨靠住對方右腹部，左臂攬住對方後背（圖4-162）。接著，己方上體右轉，同時，左臂攬住對方後背向右前下攬按（圖4-163）。

**要點** 閃身、撥防要及時，上步要快速，左胯挨靠對方腹部、轉身與左臂攬按對方後背要協調一致。攬按有力，力達左臂。

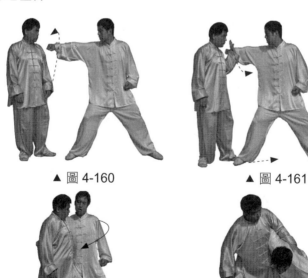

▲ 圖 4-160　　　　　▲ 圖 4-161

▲ 圖 4-162　　　　　▲ 圖 4-163

## 五、抓腕領臂調步扛臂挨臀頂摔

對方右腳右側上步，同時，用右側衝拳向己方左胸部擊打；己方左腳左前上步，閃身躲開對方來拳之鋒芒（圖4-164）。接著，己方用右手接抓住對方右腕（圖4-165）。

動作不停，己方向右上領對方右臂，左腳向前一步於對方襠前，右腿後調步，同時身體右後轉，並用左肩扛住對方右上臂（圖4-166）。接著，己方用兩手抓住對方腕臂向前下領拉，並用臀部向後上挨頂摔擊對方，使對方過身而摔（圖4-167）。

**要點** 閃身躲拳要及時，調步轉身要快速，扛臂要牢，兩手拉領與臀部向後上挨頂要一致，拉臂要有力，後挨頂要突然、快猛。

▲ 圖 4-164　　　　　　▲ 圖 4-165

▲ 圖 4-166　　　　　　▲ 圖 4-167

## 六、領臂挨肩手別摔

對方右腳前上一步，成為右弓步，同時，用左拳向己方胸部擊打（圖 4-168）；己方左腳前上一步，成為左虛步，同時，用兩手接抓住對方左來拳，順對方來拳之勁向右後回領對方臂（圖 4-169）。己方左腳前上一步於對方襠前，上體右轉，並用左肩挨住對方左肩內側（圖 4-170）。接著，左後臂向左貼緊對方左胯部，別住對方左胯（圖 4-171）。

動作不停，己方身體繼續右轉，右手繼續向右引領對方左臂，左手向左後別對方左胯，同時，左肩向右前下挨壓對方左肩及上臂，使對方向前倒摔（圖 4-172）。

▲ 圖 4-168　　　　▲ 圖 4-169

▲ 圖 4-170　　　　▲ 圖 4-171

▲ 圖 4-172

**要點** 接抓對方左腕要及時，調步轉身要快速，領臂、轉身、挨肩壓臂與左手別胯要協調一致，挨別要有力，力達左臂及左肩。

## 七、領臂轉身挨靠摔

對方左腳前上一步，成為左弓步，同時，用左直拳向己方胸部擊打；己方左腳左前上步，偏身閃躲開對方來拳之鋒芒（圖 4-173）。

接著，己方用左掌向外撥防開對方來拳（圖 4-174）。動作不停，己方右腳前上一步於對方襠前，身體左轉，同時，用右手托住對方左上臂（圖 4-175）。

動作不停，右腳前上一步，左腳左後調步，身體繼續左轉，並用右肩挨靠住對方左上臂及肩部（圖 4-176）。接著，己方左手繼續向左後領拉對方左臂，右肩繼續向前下挨靠對方左上臂，使對方前倒（圖 4-177）。

**要點** 閃身防拳要及時，抓腕領臂、調步轉身與右肩挨靠對方上臂要協調一致，挨靠臂與拉領臂要有力，力達兩手及右肩。

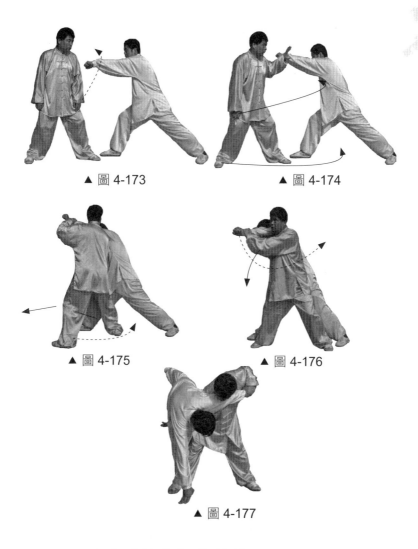

▲ 圖 4-173　　　　　　▲ 圖 4-174

▲ 圖 4-175　　　　　　▲ 圖 4-176

▲ 圖 4-177

## 八、閃進肩挨靠按背提襠

　　對方左腳前上一步，成為左弓步，同時，用左拳向己方面部擊打；己方左腳前上步向右偏身閃開對方左拳（圖4-178）。左腳不停，繼續前上一步於對方襠前，並向前進身

用左肩挨對方左背部（圖 4-179）。接著，己方左掌左下按對方後背，右手上提對方後襠（圖 4-180），使對方向前下倒地（圖 4-181）。

**要點** 閃進身要快速，左肩挨靠對方左背要猛狠，左手按背與右手提對方後襠要一致，同時用力，力達兩手。

▲ 圖 4-178

▲ 圖 4-179

▲ 圖 4-180

▲ 圖 4-181

## 九、橫拍防絆腿挨胯攬胸摔

對方左腳前上一步，成為左弓步，同時，用左拳向己方面部擊打；己方左腳前上步向右偏身閃開對方左拳（圖 4-182）。動作不停，己方用右手向左橫拍開對方之來拳（圖 4-183）。

接著，己方左腳前上一步於對方後襠前絆住對方左腿，左臂從對方胸前穿過攬抱住對方胸部（圖 4-184）。動作不停，己方左臂向右前下攬按對方胸部（圖 4-185），使對方向後摔（圖 4-186）。

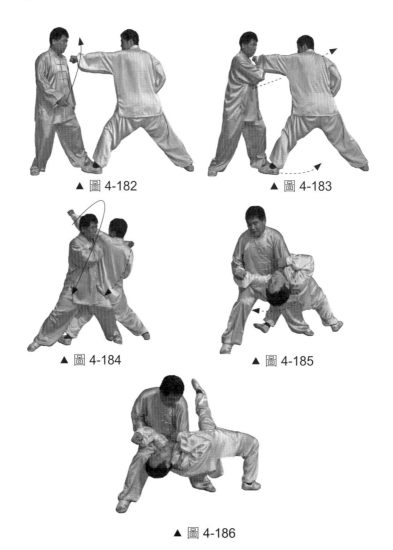

▲ 圖 4-182

▲ 圖 4-183

▲ 圖 4-184

▲ 圖 4-185

▲ 圖 4-186

**要點** 閃身、左橫拍防拳要及時，上步要快速，左胯挨靠對方左胯要貼緊，絆腿要牢固，左臂攬抱按對方胸要有力，力達左臂。

## 第六節・戳的實戰用法

戳是用掌尖或腳尖向對方薄弱部位進行穿插或戳擊的一種技擊技法，是八極拳技擊的常用方法。

### 一、挑架防拳右掌戳喉

對方右腳前上一步，成為右弓步，同時，用右直拳向己方胸部擊打；己方左腳左前上步，閃身躲開對方來拳之鋒芒（圖 4-187）。

接著，己方用左臂向左上架擋開對方來拳（圖 4-188）。接著，己方左手外旋抓領對方右臂，同時，用右穿掌向對方喉部戳擊（圖 4-189）。

**要點** 閃身、架擋來拳要及時，左手旋擰領臂與右穿掌向前戳擊對方喉部要協調一致。右掌戳擊對方喉部要快速、準確、有力，力達右掌掌尖。

▲ 圖 4-187　　　　▲ 圖 4-188

▲ 圖 4-189

## 二、抓腕領臂左側掌戳肋

對方右腳前上一步，成為右弓步，同時，用左拳向己方胸部擊打（圖 4-190）；己方左腳前上一步，成為左虛步，同時，用兩手接抓住對方左來拳，順對方來拳之勁向右後回領對方左臂（圖 4-191）。左腳左上一步於對方右腳外後側，絆住對方右腳，同時，用左側掌戳擊對方右肋部，使對方肋部受傷（4-192）。

**要點** 兩手接抓對方來拳要及時，左腳左上步要快速，左腳絆扣對方右腳要牢固，左掌戳擊對方右肋部要快速、準確、有力，力達左掌掌指尖。

▲ 圖 4-190    ▲ 圖 4-191

▲ 圖 4-192

## 三、橫推防右插掌戳肋

對方右腳前上一步，成為右弓步，同時，用右拳向己方胸部擊打（圖 4-193）；己方左腳左前上一步，成為左虛步，同時，用左手向右橫拍開對方右來拳（圖 4-194）。

接著，己方用右插掌向對方右肋部戳擊，使對方肋部受傷（圖 4-195）。

**要點** 左手右橫拍防對方來拳要及時，橫向拍推，以橫破直。

同時，用右掌向對方右肋部插戳，要快速、準確、有力，力達右掌掌指尖。

▲ 圖 4-193　　　　　　　▲ 圖 4-194

▲ 圖 4-195

## 四、雙手抓腕左插掌戳頸

對方右腳前上一步，成為右弓步，同時，用左拳向己方胸部擊打（圖 4-196）；己方左腳前上一步，成為左虛步，同時，用兩手接抓住對方左來拳，順對方來拳之勁向右後回領對方左臂（圖 4-197）。

接著，己方上體右轉，同時，用左側掌戳對方右頸部，使對方頸部受傷（圖 4-198）。

**要點** 兩手接抓對方來拳要及時，左掌戳擊對方右頸部要快速、準確、有力，力達左掌掌尖。

▲ 圖 4-196　　　　　▲ 圖 4-197

▲ 圖 4-198

## 五、橫格肘防左右掌戳頸肋

對方右腳前上一步，成為右弓步，同時，用右拳向己方胸部擊打；己方左腳左前上步，同時，用左臂向右橫格防開對來方拳（圖4-199）。

接著，己方用左插掌向對方右頸側戳擊（圖 4-200）。動作不停，己方用右插掌向對方右肋部戳擊（4-201）。

**要點** 橫格肘防拳要及時，左插掌戳擊對方右頸側和右掌戳擊對方右肋部要聯貫、快速、準確、有力，力達兩掌掌尖。

▲ 圖 4-199　　　　　　　▲ 圖 4-200

▲ 圖 4-201

## 六、橫格肘防右左掌戳肋

對方右腳前上一步，成為右弓步，同時，用右拳向己方胸部擊打；己方左腳左前上步，同時，用左臂向右橫格防開對方來拳（圖 4-202）。接著，己方上體右轉，同時，用右插掌向對方右肋部戳擊（圖 4-203）。

動作不停，己方上體右轉，右掌右擺，並用左掌向對方右肋部再次戳擊，使對方肋部受傷（圖 4-204）。

**要點** 橫格肘防拳要及時，右左兩掌戳擊對方右肋要連續、快速、準確、有力，力達兩掌掌尖。

▲ 圖 4-202　　　　　　　▲ 圖 4-203

▲ 圖 4-204

## 七、挑撥防領臂戳頸

對方右腳前上一步，成為右弓步，同時，用左直拳向己方胸部擊打（圖 4-205）。

接著，己方左腳左前上步，成為馬步，同時，用右臂向右上挑撥開對方來拳（圖 4-206）。動作不停，己方右手外旋擰回領對方左臂，同時，用左穿掌戳擊對方頭部，使對方頸部受傷（圖 4-207）。

**要點** 挑撥防拳要及時，右手抓腕旋擰回領臂與左插掌戳擊對方頸部要協調一致，戳擊對方頸部要快速、準確、有力，力達左掌掌尖。

▲ 圖 4-205　　　　　　▲ 圖 4-206

▲ 圖 4-207

## 八、摟防領臂右掌戳喉

對方右腳前上一步，成為右弓步，同時，用左直拳向己方胸部擊打；己方左腳左前上步，偏身閃躲開對方來拳之鋒芒（圖4-208）。

接著，己方用左掌向外摟防開對方來拳（圖4-209）。動作不停，己方左手接抓住對方左腕回領對方左臂，同時，用右插掌向對方喉部戳擊，使對方喉部受傷（圖4-210）。

**要點**　閃身防拳要及時，抓腕旋擰領臂要一氣呵成，領臂與右插掌戳擊對方喉部要一致，戳擊對方喉部要快速、準確、有力，力達右掌。

▲ 圖 4-208

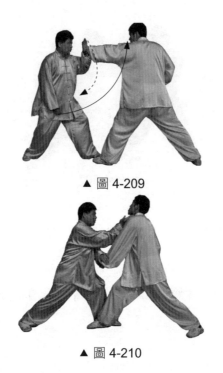

▲ 圖 4-209

▲ 圖 4-210

## 九、外撥壓防戳太陽穴

對方左腳前上一步，成為左弓步，同時，用左拳向己方胸部擊打；己方左腳左前上步，閃身躲開對方來拳之鋒芒（圖 4-211）。

接著，己方用左掌向左下撥壓開對方左來拳（圖 4-212）。動作不停，己方用左掌向前戳擊對方左太陽穴，使對方太陽穴受傷（圖 4-213）。

**要點** 閃身要及時，撥壓防拳要向左下壓，控制住對方左拳，左掌戳擊對方左太陽穴要快速、準確、有力，力達左掌掌尖。

▲ 圖 4-211　　　　　　　▲ 圖 4-212

▲ 圖 4-213

## 十、外撥摟防右掌戳肋

　　對方左腳前上一步，成為左弓步，同時，用左直拳向己方胸部擊打；己方左腳左前上步，成為馬步，閃開對方來拳（圖 4-214）。己方左掌外下撥壓防對方左來拳之腕，防開對方左拳（圖 4-215）。

　　動作不停，己方上體左轉，同時，用左手摟開對方左拳臂，並用右插掌向對方左肋部戳擊（圖 4-216）。

　　**要點**　閃身防拳要及時，外撥壓對方來拳向左下用力。右插掌向對方左肋部戳擊時，要快速、準確、有力，力達右尖。

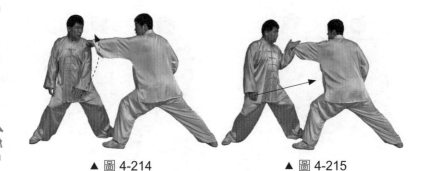

▲ 圖 4-214　　　　　　　　▲ 圖 4-215

▲ 圖 4-216

## 十一、外摟防左插戳肋

對方左腳前上一步，成為左弓步，同時，用左直拳向己方胸部擊打；己方左腳左前上步，成為馬步，閃開對方來拳（圖 4-217）。

己方左掌外摟防開對方左來拳之臂（圖 4-218）。動作不停，己方上體右轉，同時，用左插掌向對方左肋部戳擊（圖 4-219）。

　**要點**　閃身、外摟防對方來拳要及時。左插掌向對方左肋部戳擊要快速、準確、有力，力達左掌尖。

▲ 圖 4-217　　　　　　　▲ 圖 4-218

▲ 圖 4-219

## 十二、左摟防右腳戳胸

對方右腳前上一步，成為右弓步，同時，用右拳向己方胸部擊打；己方左腳前上步，身體右偏防開來拳（圖4-220）。接著，己方左手向左外下摟開對方右拳（圖4-221）。

動作不停，己方左腳支撐身體，同時用右腳腳尖向前上戳擊對方部，使對方胸部受傷（圖4-222）。

**要點**　偏身、摟手防對方右拳要及時，支撐腿要穩，右腳前上戳擊對方胸部要快速、準確、有力，力達右腳腳尖。

▲ 圖 4-220　　　　　　　　　▲ 圖 4-221

▲ 圖 4-222

## 十三、左摟防右腳戳喉

對方右腳前上一步，成為右弓步，同時，用右拳向己方胸部擊打；己方左腳前上步，身體右偏防開來拳（圖4-223）。接著，己方左手順勢抓握住對方右來拳回領其臂，左腿支撐身體，同時，上提右腿（圖4-224）。

動作不停，己方用右腳腳尖向前上戳擊對方喉部，使對方喉部受傷（圖4-225）。

**要點**　偏身、摟手防對方右拳要及時，支撐腿要穩，右腳前上戳擊對方喉部要快速、準確、有力，力達右腳腳尖。

▲ 圖 4-223　　　　　　▲ 圖 4-224

▲ 圖 4-225

## 十四、左手抓領左腕臂右撩腳戳襠

　　對方右腳前上一步，成為右弓步，同時，用左拳向己方胸部擊打；己方左腳左前上步，成為左虛步，同時，用右手刁抓住對方左來拳之腕，向右後回領（圖 4-226）。接著，己方左腳前上一步，身體右轉（圖 4-227）。

　　動作不停，己方身體繼續右轉，左腿支撐身體，同時，向後上撩腿，用右腳戳擊對方襠部，使對方襠部受傷（圖 4-228）。

　　**要點**　接抓腕要及時，上步要快速，領臂轉身要一致，支撐腿要穩，左腿向後上撩，用左腳腳跟戳擊對方襠部要快速、準確、有力，力達左腳後跟。

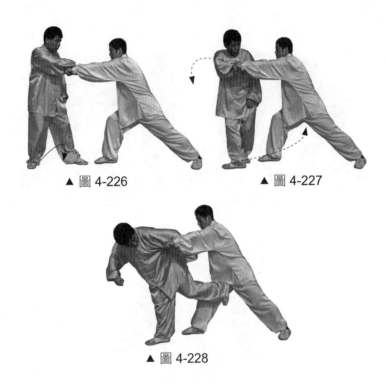

▲ 圖 4-226　　　　　　　　▲ 圖 4-227

▲ 圖 4-228

## 十五、左手抓領右腕臂左踹腿戳襠

對方右腳前上一步，成為右弓步，同時，用右拳向己方胸部擊打；己方左腳左前上步，成為左虛步，同時，用右手刁抓住對方右來拳之腕，向右後回領（圖 4-229）。接著，己方右腳前上一步，身體右轉（圖 4-230）。

動作不停，己方身體繼續右轉，右腿支撐身體，同時，左腿屈膝提起（圖 4-231）。接著，己方用左側踹腿向對方襠部戳擊，使對方襠部受傷（4-232）。

**要點**　接抓腕要及時，上步要快速，領臂轉身要一致，支撐腿要穩，左腿向左側踹擊對方襠部，要快速、準確、有力，力達右腳側緣。

▲ 圖 4-229　　　　　　　▲ 圖 4-230

▲ 圖 4-231　　　　　　　▲ 圖 4-232

# 第七節・擠的實戰用法

擠是用臂緊貼於對方某部位上將對方排擠擁壓出去的一種技法，是一種無間距、無衝撞的推擁摔法。

## 一、雙臂壓防左前擠臂摔

對方右腳前上一步，成為右弓步，同時，用右直拳向己方胸部擊打；己方左腳左前上步，成為左虛步，同時，左閃身躲開對方來拳之鋒芒（圖 4-233）。

動作不停，己方用兩臂從對方右臂外側向前下橫壓開對

方來拳（圖 4-234）。當對方回抽右臂時，己方借其抽臂之勁右手按於左前臂內側助推，同時，用左前臂外側為力點向左前擠壓對方右臂，將對方擠出，向左前倒摔（圖 4-235）。

　　**要點**　閃身、雙臂前下壓對方右來拳要及時，擠臂要藉對方右臂回抽之勁，擠臂有力，力達左臂。

▲ 圖 4-233　　　　　　　　▲ 圖 4-234

▲ 圖 4-235

## 二、雙捋臂防左前擠胸摔

　　對方右腳前上一步，成為右弓步，同時，用右直拳向己方胸部擊打；己方左腳左前上步，成為左虛步，同時，左閃身躲開對方來拳之鋒芒（圖 4-236）。

　　動作不停，右左兩手黏住對方右臂順對方來拳之勁向右

後捋帶對方右臂（圖 4-237）。當對方回抽右臂時，己方藉其抽臂之勁右手按於對方左前臂內側助推，同時，用左前臂外側為力點向左前擠壓對方胸部，將對方擠出後摔（圖4-238）。

▲ 圖 4-236　　　　▲ 圖 4-237

▲ 圖 4-238

要點　閃身、雙臂回捋對方右來拳要及時，順其來拳之勁捋之；擠對方胸部要藉其回抽臂之力，擠胸要有力，力達左臂。

### 三、撥擋防拳擠胸摔

對方右腳前上一步，成為右弓步，同時，用右直拳向己方胸部擊打；己方左腳左前上步，成為左虛步，同時，向左閃身躲開對方來拳之鋒芒（圖 4-239）。

接著，己方用左臂向左撥擋開對方右來拳（圖 4-240）。
接著，己方左腳前上一步於對方右腿外後側，絆住對方右
腿，同時用兩臂前擠對方胸部，對對方擠出（圖 4-241），向
左後倒摔（圖 4-242）。

要點 閃身、撥擋防拳要及時，絆腿要牢，兩臂擠對
方時胸部要有力，力達右臂。

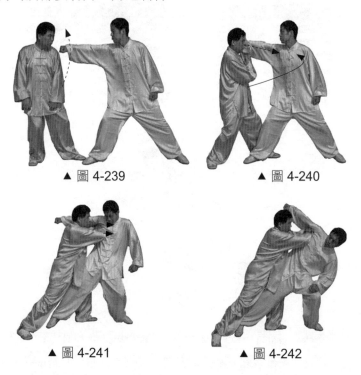

▲ 圖 4-239　　　　　　　▲ 圖 4-240

▲ 圖 4-241　　　　　　　▲ 圖 4-242

## 四、雙手捋臂前擠肋摔

對方左腳前上一步，成為左弓步，同時，用左拳向己方胸
部擊打；己方左腳左前上步，成為左虛步，並閃身躲開對方左
來拳（圖 4-243）。

接著，己方用兩手向順其對方左來拳之勁向右後将對方右臂（圖4-244）。

對方有前傾感，速回抽左臂以調速身體重心；己方藉對方回抽左臂之機，順其勁，用兩臂向前擠對方左肋部，使對方向右後摔出（圖4-245）。

**要點** 閃身要及時，兩手将對方左臂要順其來拳之勁，兩臂擠肋要有力，力達兩臂。

▲ 圖 4-243

▲ 圖 4-244

▲ 圖 4-245

## 五、左後挎臂絆腿擠肋摔

對方左腳前上一步，成為左弓步，同時，用左拳向己方

胸部擊打；己方左腳左前上步，成為左虛步，並閃身躲開對方左來拳（圖 4-246）。

接著，己方用兩手順對方左來拳之勁向左後将對方左臂（圖 4-247）。

接著，己方右腳前上一步，於對方襠後絆住對方左腿，同時，用兩臂向右前擠對方左肋部（圖 4-248），使對方後摔倒地（圖 4-249）。

**要點** 閃身要及時，兩手左後将帶對方左臂要順其來拳之勁，上步要快速，絆腿要牢固，兩臂擠對方左肋要有力，力達兩臂。

▲ 圖 4-246　　　　　　　▲ 圖 4-247

▲ 圖 4-248　　　　　　　▲ 圖 4-249

# 第八節・靠的實戰用法

靠是運用身體部位挨近靠撞對方的一種技法，是短快發力的短打之法。常用的招法有肩靠、背靠、胯靠、臂靠和肘靠等。

## 一、閃身進身左肩靠背

對方右腳前上一步，成為右弓步，同時，用右拳向己方胸部擊打；己方左腳左前上步成為左虛步，同時，偏身躲開對方右來拳（圖 4-250）。接著，己方左腳前上一步於對方襠後，從對方右臂後接近對方（圖 4-251），並用左肩向左前靠擊對方右後背部（圖 4-252）。

▲ 圖 4-250

▲ 圖 4-251

▲ 圖 4-252

【要點】閃身要及時，上步要快速，左肩靠擊對方右後背部要猛狠，勁力順暢，力達左肩。

## 二、閃身進身左肩靠胸

對方右腳前上一步，成為右弓步，同時，用右拳向己方胸部擊打；己方左腳左前上步成為左虛步，同時，偏身躲開對方右來拳（圖4-253）。

接著，己方左腳前上一步於對方襠後，絆住其右腿，身體從對方右臂內側（圖4-254），用左肩靠擊對方胸部（圖4-255）。

【要點】閃躲要及時，上步要快速，左肩靠擊對方右胸

▲ 圖4-253

▲ 圖4-254

▲ 圖4-255

部要猛狠，勁力順暢，力達左肩。

### 三、領臂胯靠按背摔

對方右腳前上一步，成為右弓步，同時，用右拳向己方胸部擊打（圖 4-256）；己方左腳左前上步，同時，用右手刁抓住對方右腕，向右後回領對方右臂（圖 4-257）。

接著，己方左腳左前上步於對方襠前，絆住其右腿，並用左胯靠擊對方右肋部（圖 4-258）。動作不停，己方左腿後掛對方右腿，同時，用左掌向前下推擊對方後背，使對方前倒（圖 4-259）。

**要點** 上步要快，絆腿要牢，左胯靠擊對方右肋要猛

▲ 圖 4-256

▲ 圖 4-257

▲ 圖 4-258

▲ 圖 4-259

狠，左腿後掛右腿與左掌前下推對方後背要協調一致。掛腿、推背有力，力達左腿、左掌。

## 四、領臂靠胯攬胸摔

對方左腳前上一步，成為左弓步，同時，用左拳向己方胸部擊打（圖 4-260）；己方用右手向右上接抓住對方左來拳之腕（圖 4-261），向右上回領對方左臂，同時前上左腳一步於對方襠後，並用左臂攬住對方胸部（圖 4-262）。

動作不停，己方左胯向左後靠擊對方右胯，同時，向前下攬按對方胸部，使對方後摔（圖 4-263）。

**要點** 接抓腕領臂要及時，上步要快速，左後靠胯與

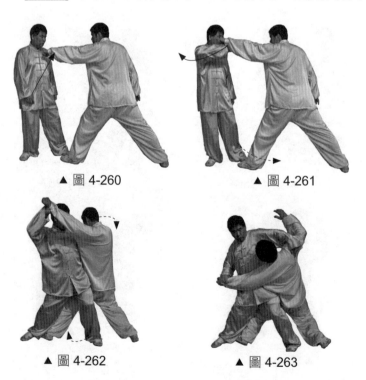

▲ 圖 4-260　　　　　▲ 圖 4-261

▲ 圖 4-262　　　　　▲ 圖 4-263

前下攬按胸要協調一致，按胸要有力，力達左臂。

## 五、提臂進身背靠肋摔

對方左腳前上一步，成為左弓步，同時，用左直拳向己方胸部擊打（圖 4-264）；己方用右手接抓住對方左腕向右上提領（圖 4-265）。

接著，己方左腳前上一步於對方襠後（圖 4-266），並用後背肩向前後靠扛對方左肋部（圖 4-267）。

**要照** 接抓腕提臂要及時，進步要快速，肩背靠扛對方左肋要猛狠，勁力順暢，力達兩肩背。

▲ 圖 4-264　　　　　　▲ 圖 4-265

▲ 圖 4-266　　　　　　▲ 圖 4-267

## 六、領臂進身左肩靠肋

對方右腳前上一步，成為右弓步，同時，用右拳向己方胸部擊打；己方左腳左前上步成為左虛步，同時，偏身躲開對方右來拳（圖 4-268）。

接著，己方用右手接抓住對方右後腕向右回領其右臂（圖 4-269）。

動作不停，己方左腳前上一步於對方襠後，絆住其右腿，並用左肩靠擊對方右肋部（圖 4-270）。

**要點** 閃身、抓腕領臂要及時，上步要快速，左肩靠擊對方右肋部要猛狠，勁力順暢，力達左肩。

▲ 圖 4-268　　　　　▲ 圖 4-269

▲ 圖 4-270

## 七、領臂上提左肩靠肋

對方右腳前上一步，成為右弓步，同時，用右拳向己方胸部擊打；己方左腳左前上步成為左虛步，同時，偏身躲開對方右來拳（圖 4-271）。接著，己方用右手接抓住對方右腕向右後回領其右臂（圖 4-272）。

動作不停，己方左腳左上一步，成為左弓步，用左腿掛絆住對方右腿，同時，右手抓其腕向右上提對方右臂，並用左肩靠擊對方右肋部，使對方右肋受傷（圖 4-273）。

**要點** 閃身、抓腕領臂要及時，上步要快速，掛絆腿要牢固，上提腕領臂、上步與左肩靠擊對方右肋要協調一致，左肩靠擊對方右肋部要猛狠，勁力順暢，力達左肩。

▲ 圖 4-271

▲ 圖 4-272

▲ 圖 4-273

## 八、接腕領臂靠壓肘

　　對方右腳右側上步，成為馬步，同時，用右側衝拳向己方胸部擊打；己方左腳左前上步，同時，用右手接抓住對方右腕（圖 4-274）。接著，己方左腳前上一步於對方右腿後側，身體右轉，同時右手抓其腕向右後回領對方右臂，並用左臂向前靠擊對方右臂肘關節（圖 4-275）。

　　動作不停，己方用左肘從對方右臂上向下砸壓對方右肘關節，使對方肘部受傷（圖 4-276）。

　　**要點**　接抓腕要及時，上步、轉身、領臂、靠臂要協調一致，上步快速，領臂要直，靠、砸肘要反其關節，靠砸要準確、有力，力達左肘。

▲ 圖 4-274

▲ 圖 4-275

▲ 圖 4-276

## 九、橫推防進身左肩靠肋左肘擊背

對方左腳前上一步，成為左弓步，同時，用左拳向己方胸部擊打（圖 4-277）。接著，己方用左手向右橫推開對方來拳（圖 4-278）。

己方左腳前上一步於對方襠前，同時，用左肩向對方左肋部靠撞（圖 4-279）。

動作不停，己方用左肘向左後頂擊對方後背部，使對方背部受傷（圖 4-280）。

**要點** 橫推防對方左拳要及時，橫向用力，進步要快，左肩靠撞對方左肋要猛狠，左肘頂擊對方後背要快速、有力，力達左肘尖。

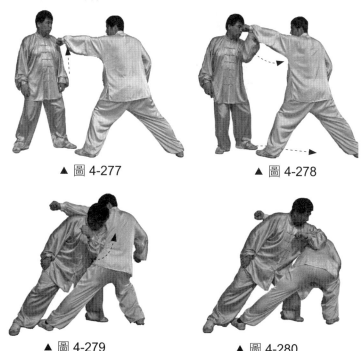

▲ 圖 4-277　　　　　▲ 圖 4-278

▲ 圖 4-279　　　　　▲ 圖 4-280

# 第九節·吃根的實戰用法

吃根是控制下肢的技法。八極拳常用勾掛、扣腳、別絆、跪壓、挑踢等低腿技法，使對方之腿不能變化。

## 一、左腳外側扣腳跪壓右腿

己方從對方右腿外後側，用左腳尖勾掛扣住對方右足後跟部，向前下跪壓對方小腿脛骨，使其右腿受制，而不能動彈（圖 4-281）。

**要點** 左腳勾掛扣腳要牢，跪壓小腿脛骨要有力。

▲ 圖 4-281

## 二、左腳內側扣腳跪壓右腿

己方從對方右腿內前側，用左腳尖勾掛扣住對方右足後跟部，向前下跪壓對方小腿脛骨，使其右腿受制，而不能動彈（圖 4-282）。

**要點** 左腳勾掛扣腳要牢，跪壓小腿脛骨要有力。

▲ 圖 4-282

### 三、右腳內側扣腳跪壓右腿

己方從對方右腿內前側，用右腳尖勾掛扣住對方右足後跟部，向前下跪壓對方小腿脛骨，使其右腿受制，而不能動彈（圖 4-283）。

**要點** 右腿勾掛扣腳要牢，跪壓小腿脛骨要有力。

▲ 圖 4-283

### 四、右腳外側扣腳跪壓右腿

己方從對方右腿外後側，用右腳尖勾掛扣住對方右足後跟部，向前下跪壓對方小腿脛骨，使其右腿受制，而不能動

彈（圖4-284）。

**要點** 右腿勾掛扣腳要牢，壓小腿脛骨要有力。

▲ 圖 4-284

## 五、左腳外側勾挑右腿

己方右腿支撐身體，同時，用左腳從對方右腿外側向前上勾挑對方右腿，同時，用左手向左後推其胸，使對方後倒（圖4-285）。

**要點** 支撐腿要穩，勾掛踢腿要快速、有力，力達左腿。

▲ 圖 4-285

## 六、右腳裏側勾挑右腿

己方左腳前上一步，成為左弓步，同時，右手前伸，按於對方右肩（圖4-286）。

接著，己方左腳支撐身體，用右腳向左前上勾腳挑踢對方右腿，同時，右手向右後按對方後背，使對方前倒（圖4-287）。

**要點** 左腿支撐身體要穩，右腿向左前上挑踢對方右腿與右手向右後按對方後背要協調一致，右腿向左上挑踢對方右腿要快速、有力，力達右腿。

▲ 圖 4-286

▲ 圖 4-287

## 七、左扣腳擋防右拳擊肋

對方右腳右側上步，成為馬步，同時，用右側衝拳向己方胸部擊打（圖4-288）；己方左腳前上一步，用左腳從對方右腿外後側勾掛扣住對方右腳，向前下跪壓對方右小腿脛骨，使其腿不能變化（圖4-289）。

接著，己方用左臂向左上架擋防開對方右拳，並用右直拳向對方右肋部擊打（圖4-290）。

**要點** 左腿扣腳要牢，左臂擋防拳要及時，右拳擊肋要快速、準確、有力，力達右拳拳面。

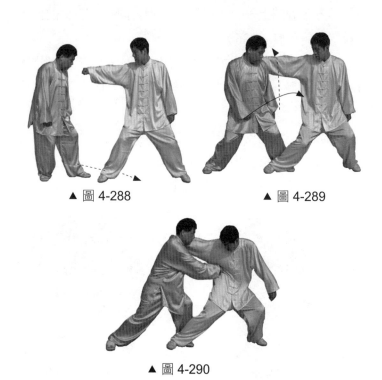

▲ 圖 4-288　　　　▲ 圖 4-289

▲ 圖 4-290

## 八、闖步跪壓膝

己方左虛步於對方右側站立（圖 4-291）。接著，己方左腳帶動右腳向前闖步於對方右腿外後側（圖 4-292）。動作不停，己方用右膝向前撞下跪壓擊對方右膝關節，使對方膝關節受傷（圖 4-293）。

**要點** 前闖步要快速，右膝前撞猛狠，前下跪壓有力，力達右膝。

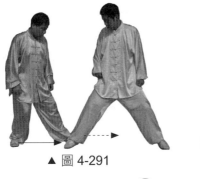

▲ 圖 4-291

▲ 圖 4-292

▲ 圖 4-293

## 九、架擋防跪壓膝右拳擊頸

對方右腳前上一步，成為馬步，同時，用右側衝拳向己方胸部擊打（圖 4-294）；己方用左臂擋開對方右來拳（圖 4-295）。

接著，己方向前闖步，同時，用左肘頂擊對方右胸，用右膝跪壓對方右膝關節（圖 4-296）。動作不停，己方用右拳向對方右頸側擊打（圖 4-297）。

**要點** 架擋防拳要及時，闖步要快速，左肘頂胸、右膝跪壓對方右膝關節要一致，頂肘、壓膝要猛狠，右拳擊打對方勁側要有力，力達右拳。

▲ 圖 4-294　　　　　　　　▲ 圖 4-295

▲ 圖 4-296　　　　　　　　▲ 圖 4-297

## 十、架擋防闖步跪膝橫臂撞胸

對方右腳前上一步，成為右弓步，同時，用右拳向己方胸部擊打（圖 4-298）；己方用右臂架擋防開對方右來拳（圖 4-299）。

接著，己方向前闖步，同時，用右膝向前下跪壓對方右膝關節（圖 4-300）。

接著，己方右臂向左下橫擊對方胸部，使對方後倒（圖 4-301）。

**要點**　擋架要及時，闖步要快速，右膝跪壓對方右膝關節要有力，右臂向左下橫擊其胸要有力，力達右臂。

▲ 圖 4-298　　　　　　▲ 圖 4-299

▲ 圖 4-300　　　　　　▲ 圖 4-301

## 十一、挑架防進身頂胸跪膝攬腰

　　對方右腳前上一步，成為右弓步，同時，用右拳向己方面部擊打；己方後閃身躲開對方來拳之鋒芒（圖 4-302）。接著，己方用左臂向左上架擋開對方來拳（圖 4-303）。

　　接著，己方左腳帶右腳向前闖步，同時，用左肘頂擊對方胸部，並用右膝向前下跪壓對方右膝部（圖 4-304）。

　　動作不停，己方用右臂攬抱住對方前腰腹，向前下按，使對方後倒（圖 4-305）。

　　**要點**　架接防拳要及時，闖步要快速，左肘頂擊與右膝跪壓要協調一致，頂肘、跪膝猛狠。攬腰下按要有力，力達右臂。

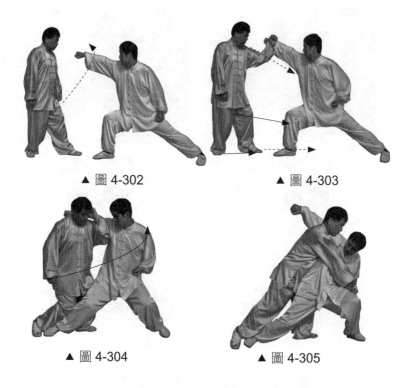

▲ 圖 4-302　　　　　　　▲ 圖 4-303

▲ 圖 4-304　　　　　　　▲ 圖 4-305

## 十二、橫拍防跪膝擊肋

對方左腳前上一步，成為左弓步，同時，用左拳向己方胸部擊打；己方後閃身，躲開對方左拳（圖 4-306）。接著，用左手向右橫拍開對方來拳（圖 4-307）。

己方向前闖步，同時，用右膝向前下跪壓對方左膝外關節，並用右拳擊打其左肋部，使對方左膝、左肋受傷（圖4-308）。

**要點**　閃身、橫拍防拳要及時，進身闖步要快速，右膝跪壓對方左膝關節與右拳擊打對方左肋要協調一致，壓膝要反其關節，右拳擊肋要快速猛狠，勁力順暢，力達右拳。

▲ 圖 4-306　　　　　　　　▲ 圖 4-307

▲ 圖 4-308

## 十三、挑撥防扣腳左拳擊肋

　　對方左腳前上一步，成為左弓步，同時，用左拳向己方胸部擊打；己方後閃身，躲開對方左拳（圖 4-309）。接著，己方左腳前上一步，同時，用左手向左上挑撥開對方來拳（圖 4-310）。

　　動作不停，己方左腳繼續前上步，用左腳尖從對方左腳內側勾掛住對方左腳後跟，小腿向下壓別住對方左小腿，使其腿不能動彈（圖 4-311）。接著，己方用左拳向對方左肋部擊打，使對方左肋受傷（圖 4-312）。

　　**要點**　閃身、挑撥開對方來拳要及時，上步要快速，

左腳勾掛壓別對方左腳腿要牢，左拳擊打對方左肋部要快速、準確、有力，力達左拳。

▲ 圖 4-309　　　　　　　▲ 圖 4-310

▲ 圖 4-311　　　　　　　▲ 圖 4-312

## 十四、挑撥防扣腳右拳擊肋

對方左腳前上一步，成為左弓步，同時，用左拳向己方胸部擊打；己方後閃身，躲開對方左拳（圖 4-314）。接著，己方左腳前上一步，同時，用左手向左上挑撥開對方來拳（圖 4-315）。

動作不停，己方左腳繼續前上步，用左腳尖從對方左腳內側勾掛住對方左腳後跟，小腿向下壓別住對方左小腿，使其腿不能動彈。並用右拳向對方左肋部擊打，使對方左肋受

傷（圖 4-316）。

　　**要點**　閃身、挑撥開對方來拳要及時，上步要快速，
左腳勾掛壓別對方左腳腿要牢，右拳擊打對方左肋部要快
速、準確、有力，力達右拳。

▲ 圖 4-313　　　　　　　　▲ 圖 4-314

▲ 圖 4-315　　　　　　　　▲ 圖 4-316

## 十五、架擋防闖步跪膝右肘撞胸

　　對方左腳前上一步，成為左弓步，同時，用左拳向己方
胸部擊打；己方後閃身，躲開對方左來拳（圖 4-317）。動
作不停，己方用右臂向右上擋架開對方左拳（圖 4-318）。

　　接著，己方向前闖步，並用右膝向前下撞跪壓對方左
膝，並用右肘撞擊對方胸部，使對方左膝及胸部受傷（圖

4-319）。

**要點** 閃身、擋架開對方來拳要及時，闖步要快速，跪膝、右肘撞胸動作要協調一致，跪膝要反其關節，右肘撞胸要快速、準確、有力，力達右拳。

▲ 圖 4-317　　　　　▲ 圖 4-318

▲ 圖 4-319

## 十六、抓腕領臂橫擊胸勾腿挑踢

對方左腳前上一步，成為左弓步，同時，用左拳向己方胸部擊打；己方後閃身，躲開對方左拳（圖 4-320）。接著，己方左腳前上一步，同時，用左手向左上挑撥開對方來拳（圖 4-321）。

動作不停，己方左手接抓住對方左腕外旋擰並向左後回領，左腿支撐身體，右臂從對方左臂上向對方胸部穿過（圖

4-322）。動作不停，己方右掌臂向右後橫擊對方胸部，並用右腿向左上勾腿挑踢對方左腿，使對方後摔（圖4-323）。

**要點**　挑撥對方來拳要及時，支撐腿要穩，右臂橫擊對方胸部與右腿勾腿挑踢要協調一致，橫擊胸要有力，挑踢胸要快猛，力達右臂與右腿。

▲ 圖 4-320　　　　　　▲ 圖 4-321

▲ 圖 4-322　　　　　　▲ 圖 4-323

## 十七、領臂按肩後掛挑腿

對方左腳前上一步，成為左弓步，同時，用左拳向己方胸部擊打；己方用左手刁抓住對方左腕向左後回領對方左臂（圖4-324）。

接著，己方身體左轉，前上右腳於對方左腳前，右手按

於對方左背肩部（圖 4-325）。動作不停，己方右腿右後掛上挑，同時，用右掌向前下推按對方左肩背部（圖 4-326），使對方前倒（圖 4-327）。

要點 刁腕領臂要及時，後掛挑腿與前下推按對方後背肩要協調一致，後掛挑腿要快速，前下推按肩背要迅猛，使對方前倒。

▲ 圖 4-324　　　　　　　▲ 圖 4-325

▲ 圖 4-326　　　　　　　▲ 圖 4-327

## 十八、領臂挎肘纏臂勾腳挑踢

對方右腳右上一步，成為馬步，同時，用右側衝拳向己方胸部擊打；己方稍後閃，躲開對方來拳（圖 4-328）。接著，己方左臂從對方右肘下屈肘上挎，並向下按腕，使對方

右肘受制（圖4-329）。

動作不停，己方左臂向左後下纏壓對方右上臂，同時，用左勾腿向前上挑踢對方右腿（圖4-330），使對方後倒（圖4-331）。

**要點** 接抓腕、領臂要及時，左臂纏壓臂與左勾腳挑踢要協調一致，纏壓有力、勾腿挑踢要迅猛，勁力順暢，力達左臂及左腿。

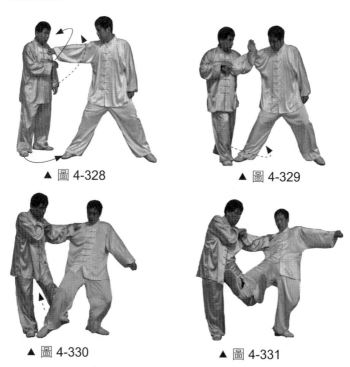

▲ 圖 4-328　　　　　▲ 圖 4-329

▲ 圖 4-330　　　　　▲ 圖 4-331

## 十九、領臂左臂後拍胸左腿挑踢

對方右腳右側上步，成為馬步，同時，用右側衝拳向己方胸部擊打；己方後閃身躲開對方來拳之鋒芒（圖4-332）。

接著，己方右腳前上一步，身體右轉，同時，用右手接抓住對方來拳之腕向右後回領，左臂從對方右臂上方穿過於胸前（圖4-333）。

接著，己方用左腿從對方右腿後方向前上勾踢（圖4-334）。

動作不停，己方左臂向左後橫拍對方胸部，並用左腳勾住對方右腿向右前上挑踢，使對方後倒（圖4-335）。

**要點** 接抓腕要及時，上步、領臂、左伸左臂要一致，左手後拍胸與左勾腿挑踢要協調一致，後拍胸有力，挑踢腿快猛，勁力順暢，力達左掌與左腿。

▲ 圖4-332　　　　　▲ 圖4-333

▲ 圖4-334　　　　　▲ 圖4-335

## 二十、領臂後掛挑腿壓肩

對方右腳前上一步，成為弓步，同時，用右拳向己方腹部擊打；己方用右手接抓住對方右腕（圖 4-336）。

左腳前上一步於對方右腿前方，並用左掌按於對方右胛部（圖 4-337）。

接著，右手右領對方右臂，左手前下推按對方右後肩胛部，並用左腿向後掛上挑對方右腿（圖 4-338），使對方前倒（4-339）。

**要點** 接抓腕要及時，領臂、按肩與後掛挑踢要協調一致，前下推按要快速，後掛挑踢要迅猛，勁力要順暢，力達左掌與左腿。

▲ 圖 4-336　　　　▲ 圖 4-337

▲ 圖 4-338　　　　▲ 圖 4-339

# 第十節·埋根的實戰用法

埋根是一種勁力由上向下蓋壓住對方腳與腿的技法,是控制對方下肢,使其不能變化的方法。八極拳常用踩腳踩腿、扣腳跪腿等低腿技法,使對方之腿不能變化。

## 一、右腳踩擊右腳面

己方由對方右側,用右腳將對方右腳面踩擊於右腳下,使其右腳不能變化(圖4-340)。

**要點** 右腳踩擊對方右腳要牢固。

## 二、左腳踩擊右腳面

己方由對方右側,用左腳將對方右腳面踩擊於左腳下,使其右腳不能變化(圖4-341)。

**要點** 左腳踩擊對方右腳要牢固。

▲ 圖 4-340

▲ 圖 4-341

### 三、右腳踩擊右膝關節

己方由對方右側，用右腳向對方右腿膝關節外側，將其小腿踩於右腳下，使其右腳不能變化（圖 4-342）。

**要點** 右腳踩擊對方右腿要牢固。

▲ 圖 4-342

### 四、左腳踩擊右膝關節

己方由對方右側，用左腳向對方右腿膝關節外側，將右腿踩於左腳下，使其右腿不能變化（圖 4-343）。

**要點** 左腳踩擊對方右腿要牢固。

▲ 圖 4-343

## 五、左腳右腿外後側扣腳跪腿

己方由對方右腿外後側用左腳勾掛扣住對方右腳後跟，並用左腿向前下跪壓對方右小腿，使其不能動彈（圖4-344）。

**要點** 左腳勾掛扣腳要牢，跪壓對方右腿要有力，力達左腿。

▲ 圖 4-344

## 六、左腳右腿前內側扣腳跪腿

己方由對方右腿前內側用左腳勾掛扣住對方右腳後跟，並用左腿向前下跪壓對方右小腿，使其不能動彈（圖4-345）。

**要點** 左腳勾掛扣腳要牢，跪壓對方右腿要有力，力達左腿。

▲ 圖 4-345

## 七、右腳右腿外後側扣腳跪腿

己方由對方右腿外後側用右腳勾掛扣住對方右腳後跟，並用右腿向前下跪壓對方右小腿，使其不能動彈（圖4-346）。

**要點** 右腳勾掛扣腳要牢，跪壓對方右腿要有力，力達左腿。

▲ 圖 4-346

## 八、右腳右腿前內側扣腳跪腿

己方由對方右腿前內側用右腳勾掛扣住對方右腳後跟，並用右腿向前下跪壓對方右小腿，使其不能動彈（圖4-347）。

**要點** 右腳勾掛扣腳要牢，跪壓對方右腿要有力，力達左腿。

▲ 圖 4-347

## 九、雙架防右腳踩膝扳肩壓臂

對方右腳右上一步，成為馬步，同時，用右側衝拳向己方面部擊打；己方左腳前上一步，同時，用兩臂向上叉架住對方右拳（圖4-348）。

接著，己方左腿支撐身體，並用右腳向前下踩擊對方右膝關節（圖4-349）。

接著，己方右腳前下落步，同時，用右臂扣住對方右肩，左手抓住對方右腕向前下推（圖4-350）。動作不停，己方右臂索住對方右肩向裏拉，左手推住對方右腕向前下扳，使對方後倒（圖4-351）。

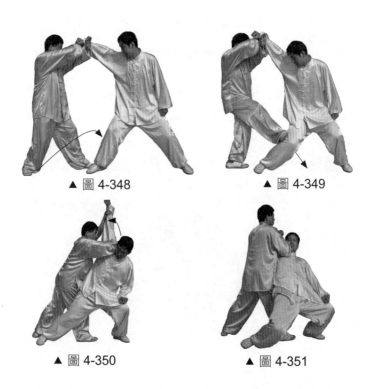

▲ 圖 4-348　　　　　　▲ 圖 4-349

▲ 圖 4-350　　　　　　▲ 圖 4-351

**要點** 雙臂上架防要及時，右腳踩對方右膝關節要猛狠，索肩要牢，推扳腕要有力，力達兩臂。

## 十、撐臂扳腕托肘踩膝

對方左腳前上一步，成為左弓步，同時，用左拳向己方胸部擊打；己方左腳左前上步，閃身躲開對方來拳之鋒芒（圖4-352）。接著，己方雙臂向上捧架開對方來拳（圖4-353）。接著，己方左手托住對方左肘，向裏上拉，右手向向前下推按扳撐其腕（圖4-354）。

動作不停，己方左手向里拉托，右手向前下扳按，使對方左臂受別被控，不能動彈（圖4-355）。接著，用右腳向前下踩

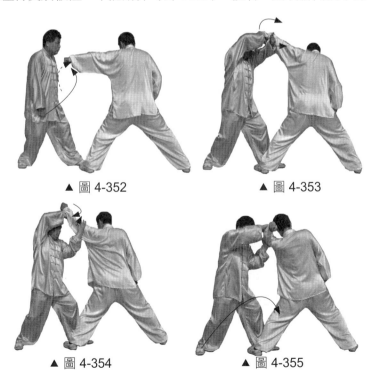

▲ 圖 4-352

▲ 圖 4-353

▲ 圖 4-354

▲ 圖 4-355

▲ 圖 4-356

擊對方左腿膝關節（圖 4-356）。

**要點** 雙臂上架防要及時，扳托肘擰扳壓腕要有力，右腳踩擊對方左膝關節要快速、準確、有力，力達右腳。

## 十一、擰腕領臂摟頸踩膝

對方左腳前上一步，成為左弓步，同時，用左拳向己方胸部擊打；己方左腳前上一步，同時，用右手接抓住對方左腕，向外下旋擰，並回領其臂（圖 4-357）。接著，己方左手從對方右肩上前伸（圖 4-358）。

動作不停，己方左手向右下摟按對方右頸，同時，用左

▲ 圖 4-357　　　　　　　▲ 圖 4-358

▲ 圖 4-359

腿向對方左膝關節踩擊，使對方左膝受傷（圖 4-359）。

**要點** 抓腕外旋撑、回領臂要及時，摟頸與踩膝要協調一致，踩膝要反其關節，踩膝有力，力達右腳。

## 十二、裏旋撑領臂壓肩踩膝

對方右腳前上一步，成為右弓步，同時，用右拳向己方胸部擊打；己方左腳前上一步，同時，用右臂向上挑擋住對方右來拳（圖 4-360）。

己方右手接抓對方右拳腕，向右、向下、向裏上撑轉，並回領對方右臂（圖 4-361）。

動作不停，己方右腿支撐身體，左腿上提，同時，用左掌向下按對方右肩關節（圖 4-362）。

接著，己方用左腳向對方右膝下踩，使對方右膝受傷（圖 4-363）。

**要點** 接抓要及時，向外撑旋並回領對方右臂要一致，左手按壓對方右肩關節要反其關節，左腿踩擊對方右膝關節要反其關節，下踩準確、有力，力達右膝。

▲ 圖 4-360　　　　　　　　▲ 圖 4-361

▲ 圖 4-362　　　　　　　　▲ 圖 4-363

## 十三、推壓腕扳拉反肘右腳踩膝

對方左腳前上一步，成為左弓步，同時，用左拳向己方胸部擊打；己方左腳前上一步，向左偏身閃躲開對方來拳（圖 4-364）。

接著，己方用右手接抓住對方左腕，左手從對方左手下扒托住對方左肘關節（圖 4-365）。

動作不停，己方左手向裏上拉托對方左肘，右手向前下推壓反折對方左臂（圖 4-366）。接著，己方左腿支撐身體，同時，用右腳向對方左膝關節踩擊，使對方左膝關節受傷（圖 4-367）。

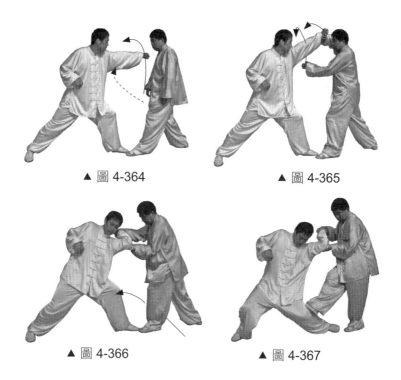

▲ 圖 4-364　　　　　　　　▲ 圖 4-365

▲ 圖 4-366　　　　　　　　▲ 圖 4-367

**要點**　右手接抓胸要及時，左手扳拉肘與右手向前推壓要協調一致，反折其肘要有力，力達兩手。支撐腿要穩，右腳踩擊對方左膝關節要反其關節，踩擊猛狠。

## 十四、推壓腕扳拉反肘左腳踩膝

對方左腳前上一步，成為左弓步，同時，用左拳向己方胸部擊打；己方左腳前上一步，向左偏身閃躲開對方來拳（圖 4-368）。

接著，己方用右手接抓住對方左腕，左手從對方左手下扒托住對方左肘關節（圖 4-369）。

動作不停，己方左手向裏上拉托對方左肘，右手向前下

推壓反折對方左臂（圖 4-370）。接著，己方右腿支撐身體，同時，用左腳向對方左膝關節踩擊，使對方左膝關節受傷（圖 4-371）。

**要點** 右手接抓胸要及時，左手扳拉肘與右手向前推壓要協調一致，反折其肘要有力，力達兩手。支撐腿要穩，左腳踩擊對方左膝關節要反其關節，踩擊猛狠。

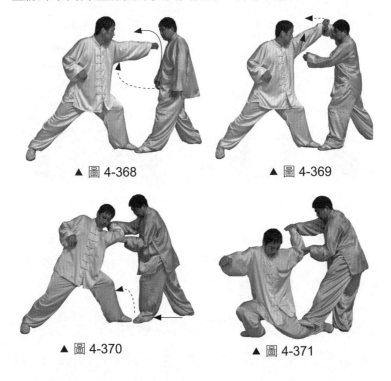

▲ 圖 4-368

▲ 圖 4-369

▲ 圖 4-370

▲ 圖 4-371

## 十五、接腿上提跪壓膝

對方左腿支撐身體，同時，用右腳向己方腹部蹬擊；己方左腳前上一步，偏身躲過對方來腿，並用左手向上接抓住對方來腿之後跟部（圖 4-372）。

接著，己方左腿支撐身體，左手上提對方右腿，同時，用右膝從對方右腿上方向下跪壓對方右膝關節（圖 4-373），使對方膝關節受傷而倒地（圖 4-374）。

**要點** 閃身要快，接腿及時，上提與下跪膝要協調一致，跪膝要反其關節，跪膝有力，力達右膝。

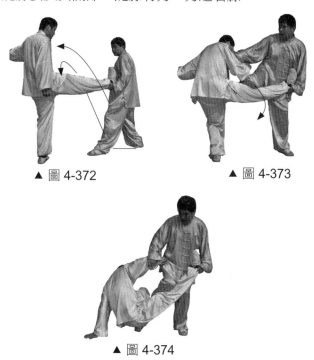

▲ 圖 4-372　　　　　　▲ 圖 4-373

▲ 圖 4-374

## 十六、接腿上提跪壓膝踹肋

對方左腿支撐身體，同時，用右腳向己方腹部蹬擊；己方左腳前上一步，偏身躲過對方來腿，並用左手向上接抓住對方來腿之後跟部（圖 4-375）。

接著，己方左腿支撐身體，手上提對方右腿，同時，用右

膝從對方右腿上方向下跪壓對方右膝關節（圖 4-376），使對方倒地（圖 4-377）。動作不停，己方用右腿向對方右肋部踹擊，使對方肋部受傷（圖 4-378）。

**要點** 閃身要快，接腿及時，上提與下跪膝要協調一致，跪膝要反其關節，跪膝有力。右腿踹擊對方右肋要猛狠。

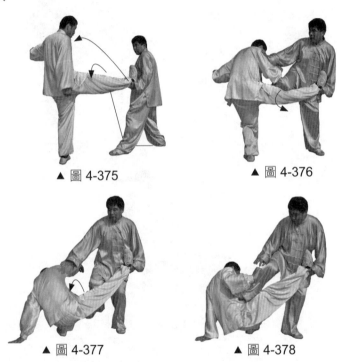

▲ 圖 4-375　　　　　　　▲ 圖 4-376

▲ 圖 4-377　　　　　　　▲ 圖 4-378

第五章

三盤連擊
實戰用法

三盤連擊分為兩連擊、三連擊或三次以上的連續擊打的方法。因篇幅所限，本章僅對兩連擊法加以介紹（三連擊及以上的連擊法將在《八極拳散招實戰用法》一書中另作介紹）。

兩連擊是上、中、下三盤兩次連續擊打的方法，是八極拳技法的綜合運用，也是緊逼硬攻、連續追打的方法。其常用的方法有上盤兩連擊、上中盤連擊、上下盤連擊、中盤兩連擊、中上盤連擊、中下盤連擊、下盤兩連擊、下上盤連擊、下中盤連擊等。

## 第一節·上盤兩連擊實戰用法

上盤兩連擊是對上盤兩次連續擊打的方法，也是八極拳最常用的實戰用法。

### 一、左撥防左右直拳擊面

對方右腳前上一步，成為右弓步，同時，用右直拳向己方面部擊打；己方左腳前上步，成為左虛步，閃身躲開對方來拳之鋒芒（圖 5-1）。

己方用左掌向左上撥開對方來拳（圖 5-2）。動作不停，己方身體重心前移，成為左弓步，同時，用左直拳向對方面部擊打（圖 5-3）。

接著，再用右直拳向對方下頦部擊打，使對方下頦受傷（圖 5-4）。

**要點** 挑撥防拳要及時，左、右直拳直打對方面部要聯貫、快速、準確、有力，力達拳面。

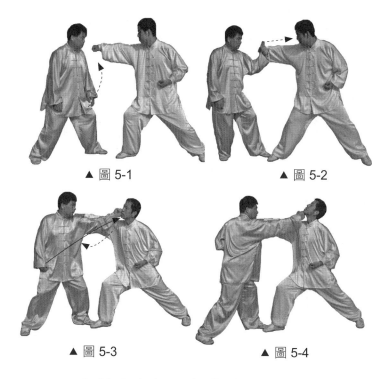

▲ 圖 5-1　　　　　　　　▲ 圖 5-2

▲ 圖 5-3　　　　　　　　▲ 圖 5-4

## 二、左撥防左斬頸右貫耳

對方右腳前上一步，成為右弓步，同時，用右直拳向己方面部擊打；己方左腳前上步，成為左虛步，閃身躲開對方來拳之鋒芒（圖 5-5）。

己方用左掌向左上撥開對方來拳（圖 5-6）。動作不停，己方身體重心前移，成為左弓步，同時，用左掌向對方右頸部橫向斬擊（圖 5-7）。接著，再用右拳向對方左耳部貫擊，使對方耳部受傷（圖 5-8）。

**要點**　挑撥防拳要及時，左斬掌與右貫拳要聯貫、快速，左掌斬頸要橫向用力，力達小指側緣，右拳貫耳要準確、有力，力達右拳拳面。

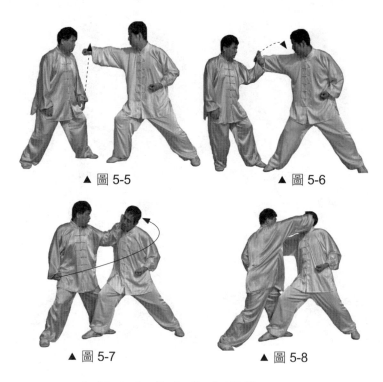

▲ 圖 5-5　　　　　　　　　　　▲ 圖 5-6

▲ 圖 5-7　　　　　　　　　　　▲ 圖 5-8

## 三、左撥防右拳左掌連續擊頦

　　對方右腳前上一步，成為右弓步，同時，用右直拳向己方面部擊打；己方左腳前上步，成為左虛步，閃身躲開對方來拳之鋒芒（圖 5-9）。

　　己方用左掌向左上撥開對方來拳（圖 5-10）。動作不停，己方身體重心前移，上體左轉，並用右直拳擊打對方下頦部（圖 5-11）。接著，右腳向左腳併步，身體右轉，同時右拳成勾右擺，並用左側推掌向對方下頦部推擊，使對方下頦受傷（圖 5-12）。

　　**要點**　挑撥防拳要及時，右直拳與左推掌要聯貫、快速，右直拳擊打有力，力達拳面，左側推掌要迅猛，力達左掌。

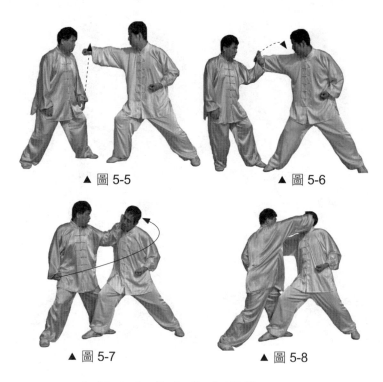

八極拳散手用法

248

▲ 圖 5-9　　　　　　　　　▲ 圖 5-10

▲ 圖 5-11　　　　　　　　　▲ 圖 5-12

## 四、左撥防右拳貫耳左掌推頦

對方右腳前上一步，成為右弓步，同時，用右直拳向己方面部擊打；己方左腳前上步，成為左虛步，閃身躲開對方來拳之鋒芒（圖 5-13）。

己方用左掌向左上撥開對方來拳（圖 5-14）。動作不停，己方身體重心前移，上體左轉，並用右貫拳向對方左耳側擊打（圖 5-15）。接著，己方用左側推掌向對方下頦部推擊，使對方下頦受傷（圖 5-16）。

**要點**　挑撥防拳要及時，右貫拳與左側推掌要聯貫、快速，右貫拳擊打有力，力達拳面，左側推掌要迅猛，力達左掌。

▲ 圖 5-13          ▲ 圖 5-14

▲ 圖 5-15          ▲ 圖 5-16

## 五、橫推防右拳擊頸左掌斬頸

對方右腳前上一步，成為右弓步，同時，用右直拳向己方面部擊打；己方左腳左前上步，成為左虛步，閃身躲開對方來拳之鋒芒（圖 5-17）。接著，己方用左掌向右橫推開對方來拳之臂（圖 5-18）。

接著，己方身體左轉，同時，用右直拳向對方頸部擊打（圖 5-19）。動作不停，己方身體右轉，並用左掌向對方右頸側橫斬，使對方頸部受傷（圖 5-20）。

**要點** 閃身、橫推防拳要及時，右直拳擊頦與左掌斬頸要聯貫、快速、準確、有力，力達右拳及左掌。

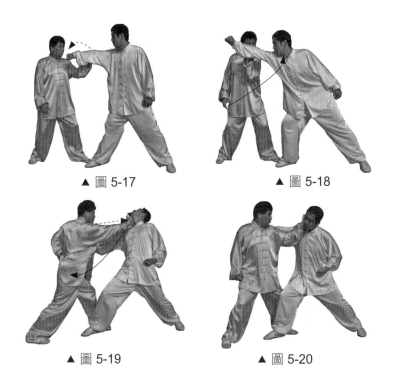

▲ 圖 5-17　　　　　　　　▲ 圖 5-18

▲ 圖 5-19　　　　　　　　▲ 圖 5-20

## 六、捋臂防左右直拳擊耳

對方左腳前上一步，成為左弓步，同時，用左拳向己方胸部擊打；己方後閃身躲開對方來拳之鋒芒（圖 5-21）。接著，己方左手抓住對方左腕，右手黏住對方左肘，順其來勁向左後捋領對方左臂，使對方前傾（圖 5-22）。

接著，己方用左直拳向對方左耳部擊打（圖 5-23）。動作不停，己方再用右直拳向對方左耳部擊打，使對方耳部受傷（圖 5-24）。

**要點**　　閃身、橫推防拳要及時，左、右直拳擊打對方左耳部要聯貫、快速、準確、有力，力達拳面。

▲ 圖 5-21　　　　　　　　　▲ 圖 5-22

▲ 圖 5-23　　　　　　　　　▲ 圖 5-24

## 七、摟防拳右翻拳左推掌連擊面部

對方左腳前上一步，成為左弓步，同時，用左直拳向己方胸部擊打；己方左腳前上步，閃身躲開對方來拳之鋒芒（圖 5-25）。接著，己方用左手向左下摟開對方左拳（圖 5-26）。接著，己方用右翻背拳向對方面部砸擊（圖 5-27）。

動作不停，己方再用左推掌推擊對方面部，使對方面部受傷（圖 5-28）。

**要點**　閃身、摟防要及時，右拳翻砸與左掌推面要聯貫。右翻砸拳要快速、準確、猛狠，勁力順暢，力達拳面。左推掌要有力，力達左掌。

▲ 圖 5-25　　　　　　　　▲ 圖 5-26

▲ 圖 5-27　　　　　　　　▲ 圖 5-28

## 八、摟防拳右左直拳擊耳

對方左腳前上一步，成為左弓步，同時，用左直拳向己方胸部擊打；己方左腳前上步，閃身躲開對方來拳之鋒芒（圖 5-29）。

接著，己方用左手向左下摟開對方左拳（圖 5-30）。接著，己方用右直拳向對方左耳部擊打（圖 5-31）。

動作不停，己方再用左直拳向對方左耳部擊打，使對方耳部受傷（5-32）。

**要點**　閃身、摟防要及時，右、左直拳擊打對方左耳部要聯貫、快速、準確、有力，力達拳面。

▲ 圖 5-29　　　　　　　　▲ 圖 5-30

▲ 圖 5-31　　　　　　　　▲ 圖 5-32

## 九、領臂防翻拳推掌連擊面部

對方右腳前上一步，成為右弓步，同時，用右拳向己方胸部擊打；己方閃身躲開對方來拳之鋒芒（圖 5-33）。接著，己方用左手接抓住對方右腕，向右後回領（圖 5-34）。

動作不停，己方用右翻背拳向對方右面部砸擊（圖 5-35）。

接著，己方再用左側推掌向對方右面部推擊，使對方面部受傷（圖 5-36）。

　**要點**　接抓腕、領臂要及時，右翻砸拳與左側推掌要聯貫，砸、推面部要快速、準確、有力、力達拳面及手掌。

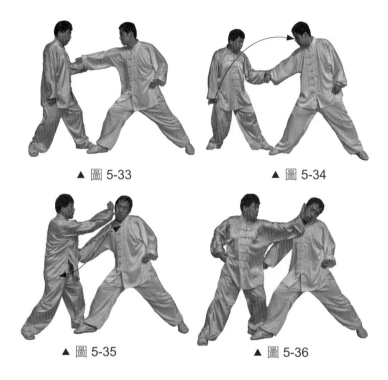

▲ 圖 5-33　　　　　　　　　▲ 圖 5-34

▲ 圖 5-35　　　　　　　　　▲ 圖 5-36

## 十、領臂壓肘側拳擊耳攢拳擊頦

　　對方右腳前上一步，成為右弓步，同時，用右直拳向己方胸部擊打；己方左腳左前上步，同時，用右掌向外撥開對方來拳（圖 5-37）。接著，己方右手順勢抓握對方右腕向外旋擰並向右後領拉，同時，用左臂向對方右肘關節砸擊下壓（圖 5-38）。

　　動作不停，己方用左側衝拳向對方右耳側擊打（圖5-39）。

　　接著，己方身體左轉，同時，用右攢拳向前上擊打對方下頦，使對方下頦受傷（圖 5-40）。

▲ 圖 5-37　　　　　　　　　　▲ 圖 5-38

▲ 圖 5-39　　　　　　　　　　▲ 圖 5-40

**要點**　撥防拳要及時，抓腕要牢，擰領與左臂壓肘要一致，側拳擊耳與攢拳擊頰動作要聯貫、快速、準確、有力，力達拳面。

# 第二節·上中盤連擊實戰用法

上中盤連擊是對對方上盤、中盤進行連續擊打的方法，也是八極拳最常用的實戰用法。

## 一、摟手防翻拳砸面左側拳擊肋

對方右腳前上一步，成為右弓步，同時，用右拳向己方胸

部擊打；己方左腳左拳上步，偏身防開對方來拳（圖 5-41）。己方左手摟開對方右拳（圖 5-42）。接著，己方用右翻背拳砸擊對方右面部（圖 5-43）。

動作不停，己方身體右轉，同時，用左側衝拳向對方右肋部擊打（圖 5-44），使對方面部、肋受傷。

**要點** 閃身、摟腕要及時，右翻拳與左側衝拳要聯貫、快速、準確、有力，力達拳背及拳面。

▲ 圖 5-41　　　　　　　▲ 圖 5-42

▲ 圖 5-43　　　　　　　▲ 圖 5-44

## 二、摟手防右拳擊頸左臂靠胸

對方右腳前上一步，成為右弓步，同時，用右拳向己方胸部擊打；己方左腳左前上步，偏身防開對方來拳（圖 5-45）。己

方左手摟開對方右拳（圖 5-46）。接著，己方用右直拳向對方頸部擊打（圖 5-47）。

動作不停，己方左腳前進步於對方右腿後側，別絆住對方右腿，身體右轉，左臂從對方胸前左伸，並用左臂向後靠擊對方胸部（圖 5-48），使對方頸部、胸部受傷。

**要點** 閃身、摟腕要及時，右直拳擊打對方頸部要快準狠，進步要快，絆步要牢，左臂靠擊對方胸部向後橫向用力，橫擊對方胸部要有力，力達左臂。

▲ 圖 5-45　　　　　▲ 圖 5-46

▲ 圖 5-47　　　　　▲ 圖 5-48

## 三、摟手防右拳擊頸左肘頂胸

對方右腳前上一步，成為右弓步，同時，用右拳向己方

胸部擊打；己方左腳左前上步，偏身防開對方來拳（圖5-49）。

己方左手摟開對方右拳（圖5-50）。接著，己方用右直拳向對方頸部擊打（圖5-51）。

動作不停，己方左腳前進步於對方右腿後側，別絆住對方右腿，並用左肘頂擊對方胸部（圖5-52），使對方頸部、胸部受傷。

**要點** 閃身、摟腕要及時，右直拳擊打對方頸部要快準狠，進步要快，絆步要牢，左肘擊對方胸部要突然、有力，力達左肘肘尖。

▲ 圖 5-49　　　　　　　▲ 圖 5-50

▲ 圖 5-51　　　　　　　▲ 圖 5-52

## 四、摟手防右拳擊頭右肘頂肋

對方左腳前上一步，成為左弓步，同時，用左直拳向己方胸部擊打；己方左腳左前上步，閃身躲開對方來拳之鋒芒（圖5-53）。接著，己方用左手摟開對方左來拳（圖5-54）。

動作不停，己方身體左轉，同時，用右拳向對方頭部後腦擊打（圖5-55）。接著，己方右腳右側上成馬步於對方襠後，同時，用右頂肘向對方左肋部頂擊（圖5-56），使對方後腦部、肋部傷。

**要點**　閃身、摟手防拳要及時，右拳擊打對方後腦要猛狠，上步要快速，上步與右頂肘要協調一致，做到步到肘至，頂肘有力，力達肘尖。

▲ 圖 5-53　　　　　　▲ 圖 5-54

▲ 圖 5-55　　　　　　▲ 圖 5-56

## 五、挑撥防右掌斬頸左側拳擊肋

對方左腳前上一步，成為左弓步，同時，用左拳向己方胸部擊打；己方左腳左前上步，閃身躲開對方來拳之鋒芒（圖5-57）。接著，己方用左臂向左上挑撥開對方來拳（圖5-58）。

動作不停，己方左手接抓住對方左腕，向外下旋擰並向左回領，同時用右掌向對方後頸斬擊（圖5-59）。接著，己方上體右轉，同時，用左側衝拳向對方左肋部擊打（圖5-60），使對方後頸部、肋部受傷。

**要點** 閃身、挑撥防拳要及時，左手領臂與右掌向左下劈斬要快速、準確有力，力達右掌。身體右轉與左側衝拳動作要協調一致，擊打有力，力達拳面。

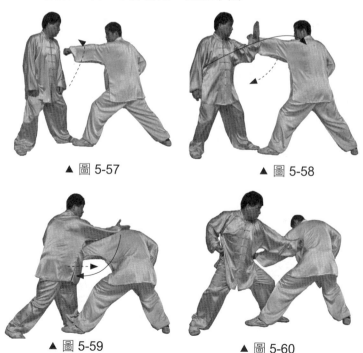

▲ 圖 5-57　　　　　▲ 圖 5-58

▲ 圖 5-59　　　　　▲ 圖 5-60

## 六、推臂防右拳擊腮絆腿靠胸摔

對方左腳前上一步，成為左弓步，同時，用左直拳向己方胸部擊打；己方左腳前上步，閃身躲開對方來拳之鋒芒（圖5-61）。接著，己方左腳繼續前上步於對方左腿外後側，別絆住其腿，同時，用左掌向前推開對方左臂（圖5-62）。

動作不停，己方用右拳向對方左腮部擊打（圖5-63）。接著，己方右手接抓住對方左腕向右後回領，左臂從對方胸前向右伸過，並用左臂向前下橫擊對方胸部，使對方後倒（圖5-64）。

**要點** 閃身要及時，上步要快速，絆腿要牢固，上步與左掌前推對方左臂要一致，右拳擊打對方左腮要快速、準

▲ 圖 5-61　　　　　　　▲ 圖 5-62

▲ 圖 5-63　　　　　　　▲ 圖 5-64

確、有力，力達右拳。左臂前下靠擊對方胸部與右手抓腕領臂要協調一致，左臂靠胸要迅猛。

## 七、領臂斜靠擊面右拳擊肋

對方右腳右側上步，成為馬步，同時，用右側衝拳向己方腹部擊打；己方左腳裏收半步，同時，用右手接抓住對方右來拳腕回領其右臂（圖5-65）。接著，己方左腳前上一步，於對方右腿後別絆住對方右腿，左上臂向前、向右靠對方右上臂（圖5-66）。

動作不停，己方用左臂向左後靠擊對方胸部，並屈左臂用左掌背向後扇擊對方面部（圖5-67）。接著，己方用右直拳向對方右肋部擊打（圖5-68），使對方面部、肋部傷。

▲ 圖 5-65　　　　　　　　▲ 圖 5-66

▲ 圖 5-67　　　　　　　　▲ 圖 5-68

**要點** 接抓腕要及時，領臂與右臂向前靠對方右上臂要一致，左掌以掌背為力點，向後扇擊對方面部，扇擊要有力，力達左掌背，右拳擊打對方右肋要快速、準確、有力，力達右拳拳面。

## 八、架擋防右攢拳擊頦左肘頂胸

對方右腳前上一步，成為右弓步，同時，用右直拳向己方胸部擊打；己方左腳左前上步，閃身躲開對方來拳之鋒芒（圖 5-69）。接著，己方用左臂向左上架擋開對方右來拳（圖5-70）。

動作不停，己方身體左轉，同時，用右攢拳向前上擊打對方下頦部（圖 5-71）。接著，己方身體右轉，同時，用左肘頂擊對方胸部（圖 5-72），使對方下頦、胸部受傷。

▲ 圖 5-69　　　　　　　▲ 圖 5-70

▲ 圖 5-71　　　　　　　▲ 圖 5-72

**要點** 閃身、架擋來拳要及時，攢拳擊打對方下頦要快速、準確、有力，力達拳面，左肘頂擊對方胸部要猛狠。

## 九、架擋防右攢拳擊頦右膝撞胸

對方右腳前上一步，成為右弓步，同時，用右直拳向己方胸部擊打；己方左腳左前上步，閃身躲開對方來拳之鋒芒（圖5-73）。接著，己方用左臂向左上架擋開對方右來拳（圖5-74）。

動作不停，己方身體左轉，同時，用右攢拳向前上擊打對方下頦部（圖5-75）。接著，己方左腿支撐身體，同時，用右手扳住對方後頸向右下扳按，並用右膝向上撞擊對方胸部（圖5-76），使對方下頦、胸部受傷。

▲ 圖 5-73　　　　　▲ 圖 5-74

▲ 圖 5-75　　　　　▲ 圖 5-76

**要點** 閃身、架擋來拳要及時，攢拳擊打對方下頦要快速、準確、有力，力達拳面，支撐腿要穩，右手扳按對方後頸與右膝上頂撞要協調一致，撞胸要猛狠。

## 十、架擋防左插掌刺喉右掌擊肋

對方左腳前上一步，成為左弓步，同時，用左直拳向己方胸部擊打；己方左腳左前上步，閃身躲開對方左來拳（圖5-77）。接著，己方用左掌向左上挑撥開對方左來拳（圖5-78）。

接著，己方右腳前上一步於對方左腳後，絆住對方左腿，同時，用左掌向前上插掌戳擊對方喉部（圖5-79）。接著，己方身體左轉，成為馬步，同時，左臂左擺，並用右掌

▲ 圖 5-77　　　　　▲ 圖 5-78

▲ 圖 5-79　　　　　▲ 圖 5-80

向對方腹部側擊（圖 5-80），使對方喉部、腹部受傷。

**要點** 閃身、架擋來拳要及時，左插掌擊喉與右掌擊腹要聯貫，刺喉要準確、有力，力達掌尖，右掌擊腹要迅猛，力達右掌。

# 第三節・上下盤連擊實戰用法

上下盤連擊是對對方上盤、下盤進行連續擊打的方法，也是八極拳最常用的實戰用法。

## 一、摟手防右攢拳擊頦右腳踩膝

對方右腳前上一步，成為右弓步，同時，用右拳向己方胸部擊打；己方左腳左前上步，偏身防開對方來拳（圖5-81）。

己方左手摟開對方右拳（圖 5-82）。接著，己方用右攢拳向對方下頦部擊打（圖 5-83）。

動作不停，己方左腿支撐身體，同時，用右腳向對方右膝關節側下踩擊（圖 5-84），使對方頦、右膝關節受傷。

**要點** 閃身、摟腕要及時，右攢拳擊打對方下頦部要

▲ 圖 5-81　　　　　　▲ 圖 5-82

▲ 圖 5-83　　　　　　　　▲ 圖 5-84

快準狠，右腿踩擊對方右膝關節要快速、準確、有力，力達右拳、右腳。

## 二、抓腕領臂防刺頸勾腳挑踢

對方右腳前上一步，成為右弓步，同時，用右直拳向己方胸部擊打；己方左腳左前上步，閃身躲開對方來拳之鋒芒（圖5-85）。接著，己方方用右手接抓住對方右腕（圖5-86）。己方右手向外旋擰並向右後領拉其右臂，同時，左腳前上步於對方右腿後側，並用左掌向對方頸部插擊（圖5-87）。

動作不停，己方右腿支撐身體，同時，用左腿向前上勾腳挑踢對方右腿，並用左掌向左後推拍對方右肩、胸，使對方向

▲ 圖 5-85　　　　　　　　▲ 圖 5-86

▲ 圖 5-87　　　　　　　▲ 圖 5-88

左後摔（圖 5-88）。

　閃身要及時，抓腕要牢固，領臂、上步與左掌刺要協調一致，刺喉要快速、準確、有力，力達左掌掌尖。挑踢時，支撐腿要穩，左腿勾腳挑踢與左掌左下按對方右肩、胸要協調，同時用力，左腿挑踢對方右腿要迅速、猛狠。

### 三、推腕扳肘反擰折臂右腳踩膝

對方右腳前上一步，成為右弓步，同時，用右直拳向己方胸部擊打；己方左腳左前上步，並用左臂向上挑架開對方來拳（圖 5-89），順勢抓住對方右腕，向前下反擰，右手從對方右臂下扳住對方右肘，向裏回拉對方右肘（圖 5-90）。

▲ 圖 5-89　　　　　　　▲ 圖 5-90

▲ 圖 5-91　　　　　　　　▲ 圖 5-92

動作不停，己方兩手推擰扳拉反折對方右臂（圖 5-91）。接著，己方左腿支撐身體，同時，用右腳踩擊對方右膝關節（圖 5-92），使對方右肘、右膝關節受傷。

**要點**　挑架對方來拳要及時，推腕拉肘反擰折臂要有力，左腿支撐要穩，右腳踩擊對方右膝關節要快速、準確、有力，力達右腳。

## 四、推腕扳肘反擰折臂左腳踩膝

對方右腳前上一步，成為右弓步，同時，用右直拳向己方胸部擊打；己方左腳左前上步，己方用左臂向上挑架開對

▲ 圖 5-93　　　　　　　　▲ 圖 5-94

▲ 圖 5-95

▲ 圖 5-96

方來拳（圖 5-93），順勢抓住對方右腕，向前下反擰，右手從對方右臂下扳住對方右肘，向裏回拉對方右肘（圖 5-94）。動作不停，己方兩手推擰扳拉反折對方右臂（圖 5-95）。接著，己方右腿支撐身體，同時，用左腳踩擊對方右膝關節（圖 5-96），使對方右肘部、右膝關節受傷。

　　**要點**　挑架對方來拳要及時，推腕拉肘反擰折臂要有力。右腿支撐要穩，左腳踩擊對方右膝關節要快速、準確、有力，力達左腳。

## 五、挑撥防領臂貫拳擊耳右腳踩膝

　　對方左腳前上一步，成為左弓步，同時，用左拳向己方胸部擊打；己方左腳左前上步，同時，閃身躲開對方來拳之鋒芒（圖 5-97）。接著，己方用左掌向左上挑撥開對方左來拳（圖 5-98）。

　　己方身體左轉，左手向左後回領對方左臂，同時，己方用右貫拳向對方左耳側貫擊（圖 5-99）。動作不停，己方右手按固對方左肩部，同時，用右腿向對方左膝關節踩擊，使對方膝關節受傷（圖 5-100）。

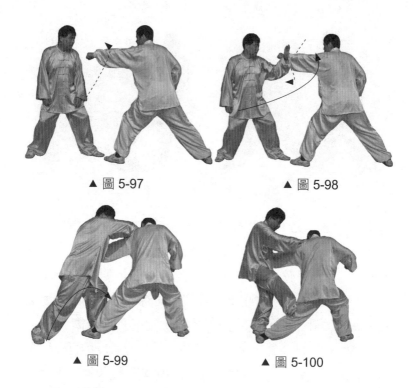

▲ 圖 5-97　　　　　　　　▲ 圖 5-98

▲ 圖 5-99　　　　　　　　▲ 圖 5-100

**要點**　閃身、挑撥對方來拳要及時，右拳向對方左耳部慣擊。挑踢時，支撐腿要穩，己方右勾腳挑踢腿要快速、有力，力達右腿。

## 六、挑撥防領臂貫拳擊耳右腳挑踢

對方左腳前上一步，成為左弓步，同時，用左拳向己方胸部擊打；己方左腳左前上步，同時，閃身躲開對方來拳之鋒芒（圖 5-101）。接著，己方用左掌向左上挑撥開對方左來拳（圖 5-102）。

己方身體左轉，左手向左後回領對方左臂，同時，己方用右貫拳向對方左耳側貫擊（圖 5-103）。動作不停，己方

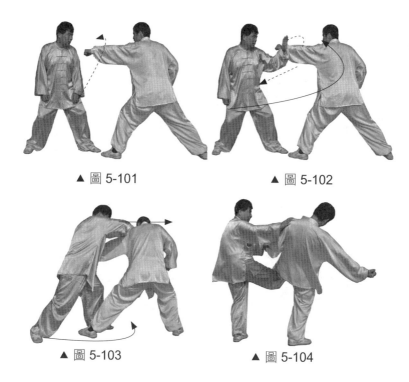

▲ 圖 5-101　　　　　▲ 圖 5-102

▲ 圖 5-103　　　　　▲ 圖 5-104

右手向右後擊對方胸部，同時，用右勾腿向前上挑踢對方左腿，使對方後倒（圖 5-104）。

**要點**　　閃身、挑撥對方來拳要及時，右拳向對方左耳部貫擊，支撐腿要穩，己方右掌向後拍對方胸部與右腿挑踢對方左腿要協調一致，挑踢腿要快速、有力，力達右腿。

## 七、閃身雙捋雙拳擊頭勾腿挑踢

對方右腳前上一步，成為右弓步，同時，用右拳向己方胸部擊打；己方右腳右後退步，閃身躲開對方來拳之鋒芒（圖 5-105）。

己方雙手接抓住對方腕臂順對方之來拳之勁向裏捋帶對

▲ 圖 5-105　　　　　　　　▲ 圖 5-106

▲ 圖 5-107　　　　　　　　▲ 圖 5-108

方右臂（圖 5-106）。接著，己方用雙拳向對方面側擊打（圖
5-107）。動作不停，己方右腳支撐身體，同時，用兩掌向左
後拍擊對方胸部，並用左勾腳向前上挑踢對方右腿，使對方
後摔（圖 5-108）。

　　**要點**　閃身要及時，雙手回捋對方右臂要順其來拳之
勁，雙拳擊面要突然、準確、猛狠。雙手拍胸與左腿挑踢對
方右腿要協調一致，左勾腿挑踢要快速、有力，力達左腿。

## 八、閃身挑撥防直拳擊面右腿踢襠

　　對方右腳前上一步，成為右弓步，同時，用右拳向己方
胸部擊打；己方左腳左前上步，同時，閃身躲開對方來拳之

▲ 圖 5-109　　　　　　　▲ 圖 5-110

▲ 圖 5-111　　　　　　　▲ 圖 5-112

鋒芒（圖 5-109）。接著，己方用左掌向左上挑撥開對方左
來拳（圖 5-110）。

　　己方身體左轉，同時用右直拳向對方面部擊打（圖
5-111）。動作不停，己方左腿支撐身體，同時，用右腿向對
方襠部彈踢，使對方襠部受傷（圖 5-112）。

　　**要點**　　閃身、挑撥對方來拳要及時，右直拳擊打對方
面部要快速、準確、有力。彈踢時，支撐腿要穩，右腿彈踢
對方襠部要準狠，力達右腳腳尖。

## 九、閃身挑撥防貫拳擊耳左腿挑踢

　　對方右腳前上一步，成為右弓步，同時，用右拳向己方胸

▲ 圖 5-113　　　　　　　▲ 圖 5-114

▲ 圖 5-115　　　　　　　▲ 圖 5-116

部擊打；己方左腳左前上步，同時，閃身躲開對方來拳之鋒芒
（圖 5-113）。接著，己方用左掌向左上挑撥開對方左來拳（圖
5-114）。己方身體左轉，同時用右勾拳向對方面部左耳部貫擊
（圖 5-115）。動作不停，己方右腿支撐身體，同時，用左腿向
對方右腿勾腳挑踢，使對方向左後倒（圖 5-116）。

　　**要點**　　閃身、挑撥對方來拳要及時，右貫拳擊打對方
左耳部要快速、準確、有力。挑踢時，支撐腿要穩，左勾腳
挑踢對方右腿要迅疾、猛狠，力達左腿。

## 十、挑架防跪膝擊襠

　　對方右腳前上一步，成為右弓步，同時，用右直拳向己方

▲ 圖 5-117　　　　　　　▲ 圖 5-118

▲ 圖 5-119　　　　　　　▲ 圖 5-120

胸部擊打；己方左腳左前上步，閃身躲開對方右拳（圖5-117）。接著，己方用左掌向左上撥開對方之來拳（圖5-118）。動作不停，己方左臂前壓對方右上臂，同時用左腳扣住對方右腳後跟，左膝向前下跪壓對方右小腿（圖5-119），並用右拳向對方襠部擊打，使對方襠部受傷（圖5-120）。

　　**要點**　閃身、挑架對方右拳要及時，推臂、扣腳跪膝要一致，扣腳要牢，跪膝有力，右拳擊打對方襠部要快速、準確、有力，力達右拳拳面。

## 十一、挑架防扳腳推膝攬背

　　對方右腳前上一步，成為右弓步，同時，用右直拳向己方

胸部擊打；己方左腳左前上步，閃身躲開對方右拳（圖5-121）。接著，己方用左掌向左上撥開對方之來拳（圖5-122）。

動作不停，己方身體下潛，同時，用左手扳住對方右腳後跟回拉，並用右掌向前下推按對方右膝關節（圖5-123）。接著，己方右手繼續用力前下按對方右膝，同時，用左手回攬對方後背，使對方右膝受傷（圖5-124）。

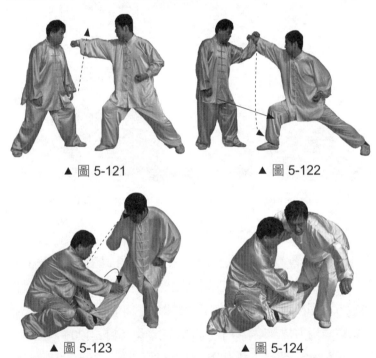

▲ 圖5-121　　　　　　　▲ 圖5-122

▲ 圖5-123　　　　　　　▲ 圖5-124

**要點**　閃身、挑架對方右拳要及時，潛身要快速，扳腳推按膝要協調一致，推膝要反其關節，攬背裏拉要有力。

## 十二、壓臂防翻拳砸面勾腳挑踢

對方左腳前上一步，成為左弓步，同時，用左拳向己方

胸部擊打；己方右腳前上步於對方左腿後側，閃身躲開對方
來拳之鋒芒（圖 5-125）。

　　接著，己方身體左轉，同時，用右拳臂向左下壓開對方
左臂（圖 5-126）。

　　動作不停，己方身體右轉，並用右翻臂拳向對方面部擊
打（圖 5-127）。接著，己方左腿支撐身體，同時，用右臂
向右後下壓按對方胸部，並用右勾腳挑踢對方左腿，使對方
後倒（圖 5-128）。

▲ 圖 5-125　　　　　　　　　▲ 圖 5-126

▲ 圖 5-127　　　　　　　　　▲ 圖 5-128

　　**要點**　壓臂防拳要及時，右拳翻砸對方面部。右臂右
下按壓與右勾腳挑踢對方左腿要協調一致，挑踢腿要快速、
有力，力達右腿。

# 第四節·中盤兩連擊實戰用法

中盤兩連擊是對中盤兩次連續擊打的方法，也是八極拳最常用的實戰用法。

## 一、左挑防右左兩拳擊肋

對方右腳前上一步，成為右弓步，同時，用右直拳向己方胸部擊打；己方左腳左前上步，閃身躲開對方右拳（圖5-129）。接著，己方用左掌向左上撥開對方之來拳打（圖5-130）。

動作不停，己方上體左轉，同時，用右直拳向對方右肋部擊打（圖5-131）。接著，己方身體右轉，成為馬步，同時，用

▲ 圖 5-129　　　　　▲ 圖 5-130

▲ 圖 5-131　　　　　▲ 圖 5-132

左側衝拳向對方右肋部擊打（圖5-132），使對方肋部受傷。

**要點** 閃身、挑架防拳要及時，右、左兩拳擊打對方右肋部要聯貫、快速、準確、有力，力達兩拳拳面。

## 二、格擋防側拳擊肋上架擊肋

對方左腳前上一步，成為左弓步，同時用左拳向己方胸部擊打；己方左腳左前上步，閃身躲開對方來拳之鋒芒（圖5-133）。接著，己方用左臂向右橫格開對方來拳（圖5-134）。

動作不停，己方用左側衝拳向對方左肋部擊打（圖5-135）。接著，己方左臂向上挑架開對方左拳，己方用右直拳向對方左肋部擊打（圖5-136），使對方肋部受傷。

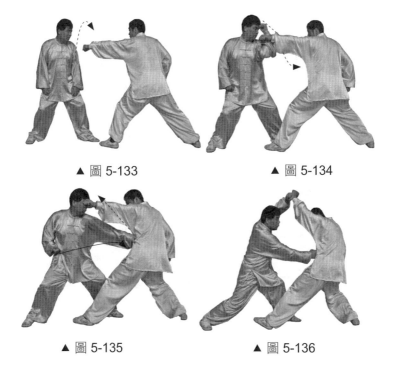

▲ 圖 5-133　　　　　▲ 圖 5-134

▲ 圖 5-135　　　　　▲ 圖 5-136

**要點** 閃身要及時，左臂橫格對方左臂要橫向用力，以橫破直，左側衝拳擊肋要快速，左臂左上挑架與右拳擊肋要協調一致，右拳擊肋要迅疾、有力，力達右拳拳面。

### 三、領臂靠肘左臂靠胸右拳擊腹

對方右腳前上一步，成為右弓步，並用右衝拳向己方腹部擊打；己方左腳裏收步，同時，己方用右手接抓住對方右腕回領右臂（圖 5-137）。

接著，己方左腳前上一步於對方右腿後側別絆住對方右腿，同時，用左臂向前靠對方右肘（圖 5-138）。動作不停，己方上體左轉，同時，用左臂向左後橫擊對方胸部（圖 5-139）。

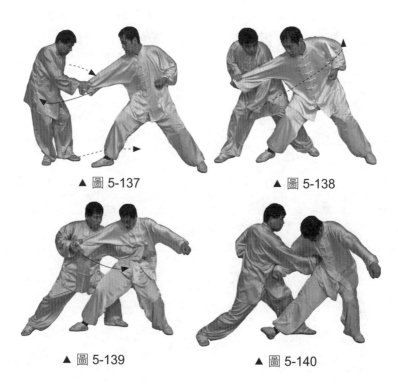

▲ 圖 5-137

▲ 圖 5-138

▲ 圖 5-139

▲ 圖 5-140

接著，己方上體繼續左轉，同時，用右直拳向對方腹部擊打（圖 5-140），使對方胸部、腹部受傷。

**要點** 己方右手接抓回領對方右腕臂要及時，左臂靠擊對方右肘要反其關節，靠擊有力，左臂向左後橫擊對方胸部要橫向用力，右拳擊對方腹部要快速、準確、有力，力達右拳拳面。

## 四、領臂左肩扛肋架臂右拳擊肋

對方左腳前上一步，成為左弓步，同時，用左拳向己方腹部擊打；己方左腳裏收步，右手接抓住對方左拳腕回領左臂（圖 5-141）。

接著，己方左腳左上一步於對方襠前，上體右轉，並用左臂向前靠撞（圖 5-142）。動作不停，己方用左肩向左扛撞對方左肋部（圖 5-143）。

接著，己方左臂向左上挑架對方左臂，並用右拳向對方左肋部擊打（圖 5-144），使對方肋部受傷。

**要點** 接抓腕要及時，領臂與左臂靠擊對方左上臂要一致。左肩靠擊對方左肋要猛狠，左臂架擋對方左臂與右拳擊對方左肋要同時，右拳擊打對方肋部要快速、準確、有

▲ 圖 5-141　　　　　▲ 圖 5-142

▲ 圖 5-143　　　　　　　▲ 圖 5-144

力，力達右拳拳面。

## 五、左挑防左肘頂胸攬腰掐胸

　　對方右腳前上一步，成為右弓步，同時，用右直拳向己方胸部擊打；己方左腳左前上步，閃身躲開對方右拳鋒芒（圖5-145）。接著，己方用左掌向左上撥開對方之來拳（圖5-146）。

　　動作不停，己方左腳前上一步於對方右腿後別絆住對方右腿，同時，用左肘向對方胸部頂擊（圖5-147）。接著，己方左臂從對方後腰伸過攬抱住對方後腰，並用右掌向對方胸部掐擊，使對方後摔（圖5-148）。

▲ 圖 5-145　　　　　　　▲ 圖 5-146

▲ 圖 5-147

▲ 圖 5-148

**要點** 閃身、挑撥防拳要及時，進步要快速，別絆腿要牢固，左肘頂擊對方胸部要猛狠，攬抱腰要緊，右掌掐胸要有力，左右兩手相對用力，力達兩手。

## 六、左挑防左肘頂胸右肘撞腹

對方右腳前上一步，成為右弓步，同時，用右直拳向己方胸部擊打；己方左腳左前上步，閃身躲開對方右拳鋒芒（圖 5-149）。接著，己方用左掌向左上撥開對方之來拳（圖 5-150）。

動作不停，己方左腳前上一步於對方右腿後別絆住對方

▲ 圖 5-149　　　　　▲ 圖 5-150

▲ 圖 5-151　　　　　　▲ 圖 5-152

右腿，同時，用左肘向對方胸部頂擊（圖 5-151）。接著，己方右臂屈肘向下撞擊對方腹部（圖 5-152），使對方胸部、腹部受傷。

　　要點　閃身、挑撥防拳要及時，進步要快速，別絆腿要牢固，左肘頂擊對方胸部要猛狠，攬抱腰要緊，右掌搯胸要有力，左右兩手相對用力，力達兩手。

## 七、捧封右掌斬肋左掌側擊肋

　　對方右腳前上一步，成為右弓步，同時，用右貫拳向己方左耳部擊打（圖 5-153）；己方上體左轉，同時，用雙手向左上捧封對方右臂（圖 5-154）。

▲ 圖 5-153　　　　　　▲ 圖 5-154

▲ 圖 5-155　　　　　　　　▲ 圖 5-156

接著，己方左手抓住對方右腕，向左回領對方右臂，同時，己方用右掌向右橫力斬對方右肋部（圖5-155）。動作不停，己方上體右轉，右掌向右擺，同時，用左掌向左側推擊對方右肋部（圖5-156），使對方肋部受傷。

**要點**　捧封要及時，右掌斬肋要快猛，左掌撐推對方右肋要快速、有力，力達左掌。

## 八、捧封右掌斬肋左臂靠胸

對方右腳前上一步，成為右弓步，同時，用右貫拳向己方左耳部貫擊（圖5-157）；己方上體左轉，同時，用雙手

▲ 圖 5-157　　　　　　　　▲ 圖 5-158

▲ 圖 5-159　　　　　　▲ 圖 5-160

向左上捧封對方右臂（圖 5-158）。接著，己方左手抓住對方右腕，向左回領對方右臂，同時，己方用右掌向右橫力斬對方右肋部（圖 5-159）。

動作不停，己方上體右轉，右掌向右擺，同時，用左臂從對方胸部左側穿過並向左後橫擊對方胸部，使對方後倒（圖 5-160）。

**要點**　捧封要及時，右掌斬肋要快猛，左臂靠擊對方胸部要橫向用力，撞擊要有力，力達左臂。

## 九、捧封左掌擊腹左上架右拳擊腹

對方右腳前上一步，成為右弓步，同時，用左直拳向己方胸部擊打；己方左腳左前上步，閃身躲開對方來拳之鋒芒（圖 5-161）。接著，己方用兩手向右上捧封住對方左來拳（圖 5-162）。

動作不停，己方用右手向右上回領對方左臂，並用左掌擊對方腹部（圖 5-163）。接著，己方上體左轉，用左手挑架開對方左臂，騰出右掌向對方腹部擊打（圖 5-164），使對方腹部受傷。

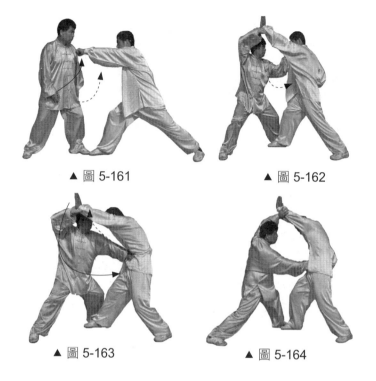

▲ 圖 5-161　　　　　▲ 圖 5-162

▲ 圖 5-163　　　　　▲ 圖 5-164

**要點**　捧封對方來拳要及時，左掌擊腹與右掌右上領臂要同時，左掌擊腹要有力。左掌上架要快，右掌推腹要猛狠。

## 十、橫拍防右拳擊胸提膝撞腹

對方右腳前上一步，成為右弓步，同時，用右拳向己方胸部擊打；己方左腳左前上步，閃身躲開對方來拳之鋒芒（圖5-165）。接著，己方身體右轉，同時，用左掌向前橫拍對方右臂（圖5-166）。

動作不停，己方身體左轉，同時，用右直拳向對方胸部擊打（圖5-167）。接著，己方左腿支撐身體，同時，提右膝向對方腹部頂撞（圖5-168），使對方胸部、腹部受傷。

▲ 圖 5-165　　　　　▲ 圖 5-166

▲ 圖 5-167　　　　　▲ 圖 5-168

**要點**　閃躲要及時，橫拍防要橫向用力，右直拳向對方胸部擊打要快速、有力，力達右拳。撞膝時，支撐腿要穩，右膝向上提撞對方腹部要迅猛，力達右膝。

## 十一、閃防右左兩拳擊肋

對方左腳前上一步，成為左弓步，同時，用左直拳向己方胸部擊打；己方右腳右後撤步（圖 5-169）。動作不停，己方向右偏身躲開對方左來拳（圖 5-170）。

接著，己方上體左轉，同時，用右直拳向對方左肋部擊打（圖 5-171）。

接著，己方上體右轉，同時，用左側衝拳向對方左肋部

▲ 圖 5-169

▲ 圖 5-170

▲ 圖 5-171　　　　　▲ 圖 5-172

擊打（圖 5-172），使對方肋部受傷。

**要點**　閃身要及時，右、左拳擊打對方左肋要聯貫、快速、準確、有力，力達拳面。

## 十二、擋防推腕扳肘斬腹頂胸

對方右腳前上一步，成為右弓步，同時，用右拳向己方面部擊打；己方左腳前上步，同時，用左臂擋住對方右拳（圖 5-173）。

接著，己方右手從對方右肘下扳住對方右肘（圖 5-174）。

動作不停，己方右掌回拉對方右肘，同時，左手向下推擰對方右腕，使對方右臂被反折受制（圖 5-175）。接著，己方左

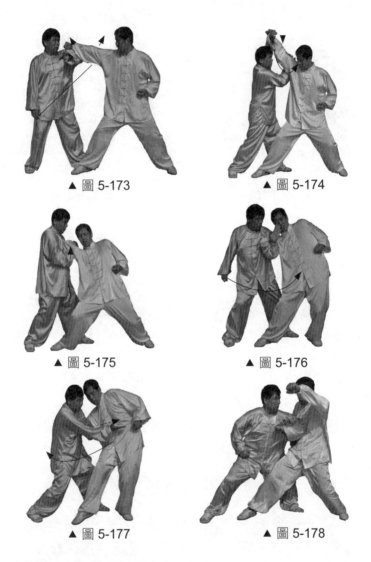

▲ 圖 5-173　　　　　　　▲ 圖 5-174

▲ 圖 5-175　　　　　　　▲ 圖 5-176

▲ 圖 5-177　　　　　　　▲ 圖 5-178

臂順勢纏夾住對方右臂（圖 5-176）。

　　動作不停，己方用右掌向對方腹部橫擊（圖 5-177）。接著，己方上體右轉，同時，用左肘向對方胸部頂擊（圖 5-178），使對方腹部、胸受傷。

**要點** 擋防對方右拳要及時，兩手反撐折臂要快速、有力，纏臂要緊，右掌橫擊對方腹部與左肘頂擊對方胸部要聯貫、迅猛，勁力順過，力達右掌及左肘。

## 十三、夾腕別肘右拳肘連續擊肋

對方左腳前上一步，成為左弓步，同時，用左拳向己方胸部擊打，己方用右手向右橫拍開對方來拳（圖 5-179）。接著，己方左腳前上一步，同時，用左腋夾住對方左腕（圖 5-180），動作不停，己方左前臂從對方左臂下、左肘外側向上反別對方左肘關節（圖 5-181）。

接著，己方用右拳向對方左肋部擊打（圖 5-182）。動作不停，己方右腳前上步，同時，用右肘向右頂擊對方左肋部，使對方肋部受傷（圖 5-183）。

**要點** 右掌橫向拍對方左臂要及時，夾腕要緊，反別肘要反其關節，右拳擊肋要快速、有力，力達右拳拳面。上步與右頂肘要協調一致，頂肘要迅猛，勁力順達，力達右肘。

▲ 圖 5-179

▲ 圖 5-180

▲ 圖 5-181　　　　　　　▲ 圖 5-182

▲ 圖 5-183

## 十四、夾腕別肘頂肘擊肋橫臂靠胸

　　對方左腳前上一步，成為左弓步，同時，用左拳向己方胸部擊打，己方用右手向右橫拍開對方來拳（圖 5-184）。接著，己方左腳前上一步，同時，用左腋夾住對方左腕（圖 5-185），動作不停，己方左前臂從對方左臂下、左肘外側向上反別對方左肘關節（圖 5-186）。

　　接著，己方右腳前上一步，同時，用右肘向對方左肋部頂擊（圖 5-187）。動作不停，己方右臂從對方胸前右穿，並向右後靠擊，使對方後倒（圖 5-188）。

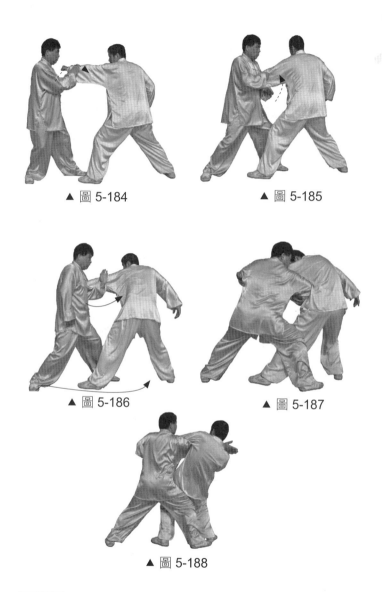

▲ 圖 5-184

▲ 圖 5-185

▲ 圖 5-186

▲ 圖 5-187

▲ 圖 5-188

**要點** 右掌橫向拍對方左臂要及時，夾腕要緊，反別肘要反其關節。上步與右頂肘要協調一致，右臂靠胸要迅猛，勁力順達，力達右臂。

## 十五、領臂壓肘左肘頂肋右拳擊背

　　對方右腳前上一步，成為右弓步，同時，用右拳向己方胸部擊打；己方左腳左前上步，用右手黏住對方右腕（圖5-189）。接著，己方右手抓握住對方右腕向外旋擰並向右後回領其右臂，並用左臂向前下壓對方右肘關節（圖5-190）。動作不停，己方用左肘向左橫擊對方右肘（圖5-191）。接著，己方用右拳向對方後背砸擊（圖5-192），使對方右肋、後背受傷。

▲ 圖 5-189　　　　　　　　▲ 圖 5-190

▲ 圖 5-191　　　　　　　　▲ 圖 5-192

　　**要點**　抓腕領臂要及時，左臂向前下壓對方右肘關節，左肘頂擊對方右肋與右拳砸背動作要聯貫、快速、有力，力達右拳。

## 十六、領臂壓肘左肘連砸背

對方右腳前上一步，成為右弓步，同時，用右拳向己方胸部擊打；己方左腳左前上步，用右手黏住對方右腕（圖 5-193）。

接著，己方右手抓握住對方右腕向外旋擰並向右後回領其右臂，同時用左臂向前下壓對方右肘關節（圖 5-194）。動作停，己方用左肘向對方後背頂砸（圖 5-195），接著，用左肘再次向對方後背頂砸，使對方後背受傷（圖 5-196）。

**要點**　抓腕領臂要及時，左臂向前下壓對方右肘關節，左肘連續頂擊對方後背要聯貫、快速、有力，力達左肘肘尖。

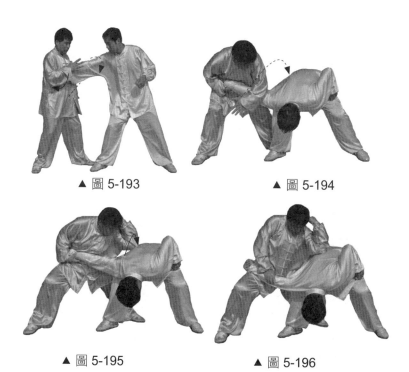

▲ 圖 5-193　　　　　　　▲ 圖 5-194

▲ 圖 5-195　　　　　　　▲ 圖 5-196

## 十七、兩臂外分後掛防右左膝頂腹

對方左腳前上一步，成為左弓步，同時，用兩拳向己方胸部擊打；己方吞身防開對方兩拳鋒芒，同時，兩臂從對方兩臂外側向上、向裏抬起（圖 5-197）。接著，己方兩手從對方兩臂內側外分並後掛對方兩臂（圖 5-198）。

動作不停，己方左腿支撐身體，同時，提右膝向對方腹部頂撞（圖 5-199）。接著，己方右腳下落，支撐身體，同時，上提左膝，向對方腹部撞擊，使對方腹部受傷（圖 5-200）。

**要點** 吞身要及時，兩臂外分後掛對方兩臂要順其來拳之勁，接著，用兩膝向對方腹部撞擊，撞擊要迅疾、有力，力達膝端。

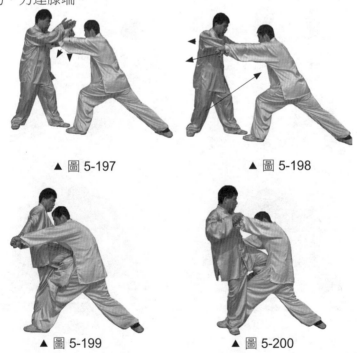

▲ 圖 5-197　　　　　　　▲ 圖 5-198

▲ 圖 5-199　　　　　　　▲ 圖 5-200

## 十八、刁腕領臂左右拐肘擊腹肋

對方左腳前上一步，成為左弓步，同時，用左直拳向己方胸部擊打；己方左腳左前上步，偏身躲過對方左來拳（圖5-201）。接著，己方用左腳前上半步，同時用左手向外刁抓摟開對方左來拳（圖5-202）。

動作不停，己方左手向左領對方左臂，同時，用右拐肘橫擊對方左肋部（圖5-203）。接著，己方上體右轉，同時，用左肘向右橫拐擊對方腹部（圖5-204），使對方肋部、腹部受傷。

**要點** 閃身、刁抓腕要及時，領臂與右拐肘要一致，右、左拐肘要聯貫、快速、有力，力達兩肘。

▲ 圖 5-201　　　　　▲ 圖 5-202

▲ 圖 5-203　　　　　▲ 圖 5-204

## 十九、斬臂防左側拳擊肋右衝拳擊肋

對方右腳前上一步，成為右弓步，同時，用右拳向己方胸部擊打；己方左腳左前上步，閃身躲開對方來拳之鋒芒（圖 5-205）。接著，己方右腳前上一步，左腳屈膝提起，同時，用左臂向左下斬壓對方右腕（圖 5-206）。

動作不停，己方左腳上步於對方右腿後側，成為馬步，同時，用左側衝拳向對方右肋部擊打（圖 5-207）。接著，己方上體左轉，同時用右拳向對方右肋部擊打（圖 5-208），使對方肋部受傷。

**要點** 閃身要及時，上步提膝斬壓腕向左下用力，上

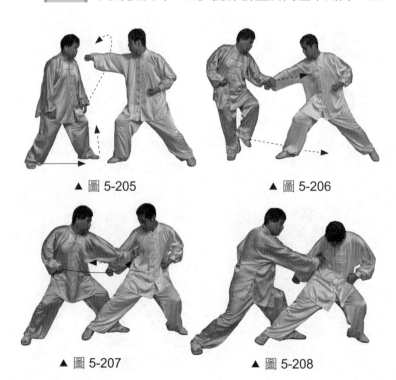

▲ 圖 5-205　　　　　　　▲ 圖 5-206

▲ 圖 5-207　　　　　　　▲ 圖 5-208

步與左側衝拳要一致，左側衝拳與右直拳要聯貫、快速、準確、有力，力達拳面。

## 二十、雙壓防推臂拐肘擊腹

對方右腳前上一步，成為右弓步，同時，用右直拳向己方胸部擊打；己方用兩手從對方右臂外側黏住對方右臂（圖5-209）。

接著，己方左腳左上一步於對方右腿後，別絆住對方右腿，同時，兩手向下壓開對方右來拳之臂（圖5-210）。

動作不停，己方兩手向左擠推對方右臂（圖5-211）。接著，己上體左轉，迅速用右肘向左橫向拐擊對方腹部，使對方腹部受傷（圖5-212）。

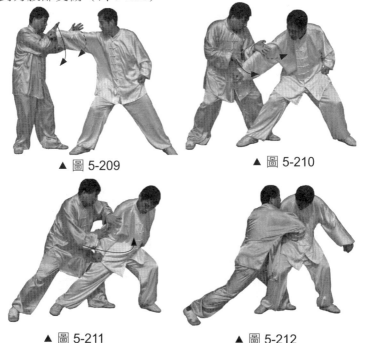

▲ 圖 5-209　　　　　　　　▲ 圖 5-210

▲ 圖 5-211　　　　　　　　▲ 圖 5-212

　　**要點**　雙手下壓防要及時，兩手擠推對方右臂要有力，擠推臂與右肘拐擊對方腹部要聯貫、快速、準確、有力，力達兩手及右肘。

## 二十一、領臂壓肘右捜拳擊襠

　　對方左腳前上一步，成為左弓步，同時，用左拳向己方胸部擊打；己方左腳前上步，閃身躲開對方來拳之鋒芒（圖5-213）。

　　接著，己方左手刁抓住對方左腕（圖 5-214），向左領臂，同時，右腳上步，右肘從對方左肘關節上方向下壓砸對方左肘（圖 5-215）。對方後撤左腳，回抽左臂；己方左腳經右腿後向右插步，同時，用右拳向對方襠部捜擊，使對方襠部受傷（圖 5-216）。

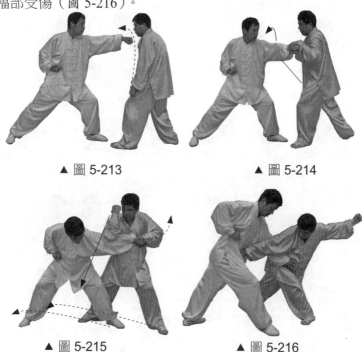

▲ 圖 5-213　　　　　　　　▲ 圖 5-214

▲ 圖 5-215　　　　　　　　▲ 圖 5-216

**要點** 閃身、刁腕要及時，領臂、上步、壓肘要協調一致，上步要快速，壓肘要反肘關節，插步與右揉拳要協調，揉拳擊襠要快速、準確、有力，力達右拳。

## 二十二、架擋防右肘頂胸左肘靠腹

對方左腳前上一步，成為左弓步，同時，用左直拳向己方面部擊打；己方右腳前上一步於對方左腳外後側，絆住對方左腿，同時，用右臂向右上架擋開對方來拳（圖 5-217）。接著，己方用右肘向對方胸部頂擊（圖 5-218）。

動作不停，己方用右臂向前經對方胸前右伸，左手從對方後腰抄抱住對方後腰，使其不能動彈（圖 5-219）。接著，己方左肘向前下壓靠對方腹部（圖 5-220），使對方胸部、腹部受傷。

▲ 圖 5-217

▲ 圖 5-218

▲ 圖 5-219

▲ 圖 5-220

　　**要點**　擋架對方來拳要及時，進步要快速，扣腿要牢，右肘頂胸與左肘壓靠對方腹部要聯貫、快速、有力，力達兩肘。

## 二十三、雙壓臂雙挑臂靠肋摔

　　對方右腳前上一步，成為右弓步，同時，用右拳向己方胸部擊打；己方左腳裏收半步，吞身躲開對方右拳（圖5-221）。接著，己方左腳前上半步，絆住對方右腿，同時，兩臂向前下壓對方右臂（圖5-222）。

　　對方左拳向己方面部擊打（圖5-223）；己方用兩臂左上挑對方左臂，並用左臂向左靠撞左肋部，使對方後摔（圖5-224）。

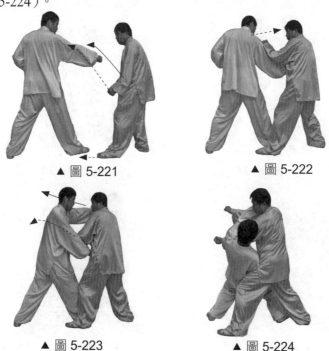

▲圖 5-221　　　　　　　　▲圖 5-222

▲圖 5-223　　　　　　　　▲圖 5-224

　　**要點**　吞身防拳要及時，兩臂前下壓防對方右來拳，左腳左前上一步別絆住對方右腿，兩臂左上挑要快速，挑臂與左靠其胸要一氣呵成，左臂靠胸要有力，力達兩臂。

## 二十四、雙壓臂絆腿雙挑臂摔

　　對方右腳前上一步，成為右弓步，同時，用右拳向己方胸部擊打；己方左腳左前上步，偏身躲開對方右拳（圖5-225）。接著，己方左腳前上半步，絆住對方右腿，同時，兩臂向前下壓對方右臂（圖5-226）。

　　對方左拳向己方胸部擊打（圖5-227）；己方用兩臂左上挑對方左臂，使對方後摔（圖5-228）。

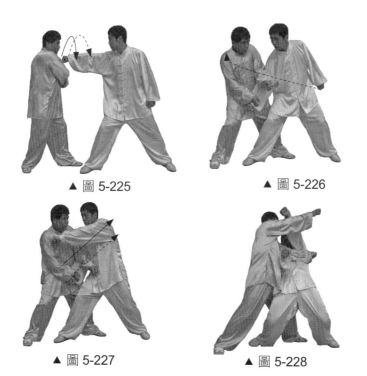

▲ 圖 5-225　　　　　　　▲ 圖 5-226

▲ 圖 5-227　　　　　　　▲ 圖 5-228

　　**要點**　吞身防拳要及時，兩臂前下壓防對方右來拳，左腳左前上一步別絆住對方右腿，兩臂左上挑要快速、有力，力達兩臂。

## 第五節·中上盤連擊實戰用法

　　中上盤連擊是對對方中盤、上盤進行連續擊打的方法，也是八極拳最常用的實戰用法。

### 一、挑撥防右拳擊腹左掌擊面

　　對方右腳前上一步，成為右弓步，同時，用右直拳向己方面部擊打；己方左腳左前上步，閃身躲開對方來拳之鋒芒（圖 5-229）。

　　己方用左掌向左上挑撥開對方來拳（圖 5-230）。己方左腳前上步於對方右腿外後側，掛住對方右腿，同時，上體左轉並用右拳向對方腹部擊打（圖 5-231）。接著，己方上體右轉，同時，用左掌向對方面側推擊（圖 5-232），使對方腹部、面部受傷。

▲ 圖 5-229

▲ 圖 5-230

▲ 圖 5-231　　　　　　　　▲ 圖 5-232

**要點**　挑撥防拳要及時，右拳擊腹與左掌擊面要聯貫、快速、準確、有力，力達右拳及左掌。

## 二、左臂格防左肘頂胸右掌推面

對方右腳前上一步，成為右弓步，同時用左拳向己方胸部擊打；己方左腳左前上步，閃身躲開對方來拳之鋒芒（圖5-233）。接著，己方左腳前上步於對方右腿外側，掛住對方右腿，同時，用左臂向右前橫格擋開對方左來拳（圖5-234）。

動作不停，己方左腳繼續左上，同時，用左肘向左頂擊

▲ 圖 5-233　　　　　　　　▲ 圖 5-234

對方腹部（圖 5-235）。接著，己方上體左轉，同時，用右掌向對方面部推擊（圖 5-236），使對方胸部、面部受傷。

**要點** 閃身、橫格擋防要及時，左肘頂胸與右推掌擊面要聯貫、快速、準確、有力，力達左肘與右掌。

▲ 圖 5-235　　　　　　　　▲ 圖 5-236

### 三、左臂格防左臂擊肋右拳攢頦

對方右腳前上一步，成為右弓步，同時用左拳向己方胸部擊打；己方左腳左前上步，閃身躲開對方來拳之鋒芒（圖 5-237）。接著，己方左腳前上步於對方右腿外側，掛住對方右腿，同時，用左臂向右前橫格擋開對方左來拳（圖 5-238）。

動作不停，己方用左臂從對方左腋下向對方左肋部橫擊（圖 5-239）。接著，己方上體左轉，同時，用右攢拳向對方下頦部攢打，使對方下頦受傷（圖 5-240）。

**要點** 閃身、橫格擋防要及時，左臂橫擊對方左肋與右攢拳擊打對方下頦部要聯貫、快速、準確、有力，力達左臂與拳拳面。

▲ 圖 5-237　　　　　　▲ 圖 5-238

▲ 圖 5-239　　　　　　▲ 圖 5-240

## 四、架擋防右肘擊肋左拳擊喉

對方右腳前上一步，成為右弓步，同時，用左拳向己方胸部擊打；己方左腳左前上步，閃身躲開對方來拳之鋒芒（圖5-241）。接著，己方用右臂向右上架擋開對方左來拳（圖5-242）。

動作不停，己方上體左轉，同時，用右肘向左橫向拐擊對方左肋部（圖 5-243）。接著，己方上體右轉，並用左拳向對方喉部擊打（圖 5-244），使對方肋部、喉部受傷。

要點　閃身、架擋對方來拳要及時，右肘橫向拐擊對方左肋部與左拳擊打對方喉部要聯貫、快速、準確、有力，力達右肘及左拳。

▲ 圖 5-241　　　　　　▲ 圖 5-242

▲ 圖 5-243　　　　　　▲ 圖 5-244

## 五、捧封防斬肋貫拳擊耳

對方右腳右上一步，成為馬步，同時，用右側衝拳向己方胸部擊打；己方閃身躲開對方來拳之鋒芒（圖 5-245）。接著，己方左腳前上一步於對方右腿外側，絆住對方右腿，同時，用兩手向左上捧架封住對方右拳（圖 5-246）。

動作不停，己方左手左領對方右腕，同時，己方用右掌向右斬擊對方右肋部（圖 5-247）。接著，己方右掌成右貫拳向對方左耳部貫擊（圖 5-248），使對方肋部、耳部受傷。

**要點**　捧封要及時，斬肋與貫耳要聯貫、快速、準確、有力，力達右掌及右拳。

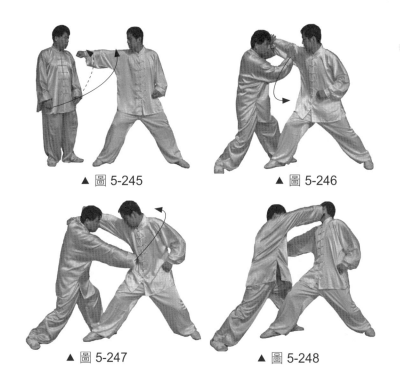

▲ 圖 5-245　　　　　　▲ 圖 5-246

▲ 圖 5-247　　　　　　▲ 圖 5-248

## 六、捧封防左掌斬肋斬頸

對方右腳前上一步，成為右弓步，同時，用左拳向己方胸部擊打；己方左腳左前上步，閃身躲開對方來拳之鋒芒（圖 5-249）。動作不停，己方用兩手向右上捧封住對方左臂（圖 5-250）。接著，己方右手抓住對方左腕向右上提領對方左臂，同時，用左掌向對方左肋部斬擊（圖 5-251）。接著，己方在掌向外、向上、向右下斬擊對方右頸（圖 5-252），使對方肋部、頸部受傷。

**要點**　捧封防拳要及時，左掌斬肋與斬頸要聯貫、快速、準確、有力，力達左掌小指側。

▲ 圖 5-249　　　　　　　▲ 圖 5-250

▲ 圖 5-251　　　　　　　▲ 圖 5-252

## 七、右領臂右撞膝頂腹右貫拳擊頦

　　對方右腳右側上步，成為馬步，同時，用右側衝拳向己方胸部擊打；己方閃身躲開其來拳（圖 5-253）。接著，己方左腳前上一步，同時用右手刁抓住對方右腕，左手固住對方右肘，順其來拳之勁向右後捋領其臂（圖 5-254）。動作不停，己方左腿支撐身體，迅速提右膝向對方腹部頂撞（圖 5-255）。接著，己方右腳後落成左弓步，同時，用右橫勾拳向對方下頦部貫擊（圖 5-256），使對方腹部及下頦受傷。

　　**要點**　閃身防拳要及時，刁抓腕要牢，左手固其肘，防其變化，向右後捋領對方右臂，要借對方來拳之勁，順勁

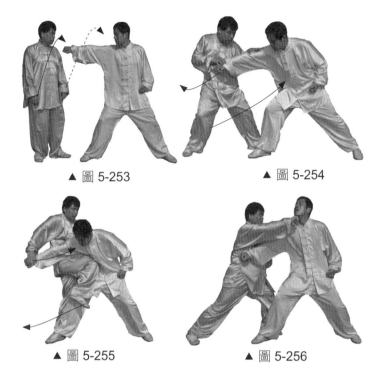

▲ 圖 5-253　　　　　▲ 圖 5-254

▲ 圖 5-255　　　　　▲ 圖 5-256

捋領。

　　撞膝時，支撐腿要穩，撞膝要猛狠，右勾拳貫擊對方下頦要快速、準確、有力，力達拳面。

## 八、右領臂右撞膝頂腹右掌斬頸

　　對方右腳右側上步，成為馬步，同時，用右側衝拳向己方胸部擊打；己方閃身躲開其來拳（圖 5-257）。

　　接著，己方左腳前上一步，同時，用右手刁抓住對方右腕，左手固住對方右肘，順其來拳之勁向右後捋領其臂（圖5-258）。

　　動作不停，己方左腿支撐身體，迅速提右膝向對方腹部

頂撞（圖 5-259）。接著，己方右腳後落成左弓步，同時，用右掌向對方左頸側橫斬（圖 5-260），使對方腹部及頸部受傷。

**要點** 閃身防拳要及時，刁抓腕要牢，左手固其肘，防其變化，向右後捋領對方右臂，要借對方來拳之勁，順勁捋領。撞膝時，支撐腿要穩，撞膝要猛狠，右掌斬頸要快速、準確、有力，力達右掌外緣。

▲ 圖 5-257　　　　　　　▲ 圖 5-258

▲ 圖 5-259　　　　　　　▲ 圖 5-260

## 九、扛臂索肩右膝撞胸右掌切頸

對方右腳右側上一步，成為馬步，同時，用右側衝拳向己方面部擊打；己方左腳左前上步，偏身躲開對方右拳（圖

5-261）。己方用左肩扛住對方右臂，兩臂從對方右肩上屈臂索住其肩向右下拉壓，使其右肩受制而不能動彈（圖 5-262）。接著，己方左腿支撐身體，同時，右手向下按對方後背，並提膝，向對方胸部頂撞（圖 5-263）。

接著，己方再用右掌向下切擊對方後頸（圖 5-264），使對方胸部及後頸受傷。

**要點** 閃身躲拳要及時，上步、扛臂要快速，索肩要牢固，索肩屈臂向下拉壓要有力。

撞膝時，支撐腿要穩，右膝撞胸與右手按對方後背要一致，撞胸要猛狠。右切掌切擊對方後頸要快速、準確、有力，力達右掌外緣。

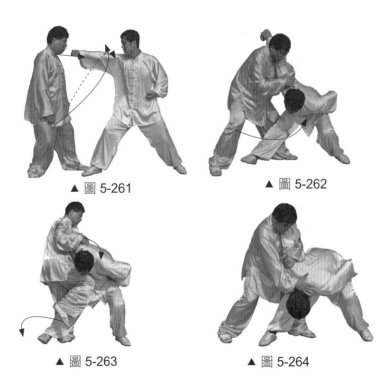

▲ 圖 5-261

▲ 圖 5-262

▲ 圖 5-263

▲ 圖 5-264

## 十、左後捋臂右肘頂肋左掌擊面

對方左腳前上一步，成為左弓步，同時，用左拳向己方胸部擊打；己方左腳前上步，偏身躲開對方左來拳（圖 5-265）。接著，己方上體左轉，左手抓住對方左腕，右手固住對方左肘，順其來拳之勁向左後捋領對方左臂（圖 5-266）。接著，己方右腳前上一步於對方襠後，同時，用右肘向右頂擊對方左肋部（圖 5-267）。動作不停，己方上體右轉，同時，用左掌向對方面部推擊（圖 5-268），使對方左肋及面部受傷。

**要點** 閃身要及時，雙手捋領其右臂要借對方來拳之勁向左後捋之。上步與右頂肘要同時，做到步到肘至，頂肘

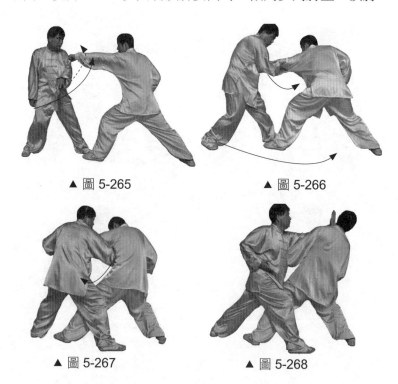

▲ 圖 5-265

▲ 圖 5-266

▲ 圖 5-267

▲ 圖 5-268

擊肋要猛狠。左掌推面要快速、準確、有力，力達左掌。

## 十一、領臂壓肘右肘頂肋右翻掌扇面

對方左腳前上一步，成為左弓步，同時，用左拳向己方胸部擊打；己方左腳前上步，偏身躲開對方左來拳（圖 5-269）。接著，己方上體左轉，用左手接抓對方左腕，順來拳之勁向左後領帶，同時屈右臂，用右肘向對方左肘上向下壓其肘關節（圖 5-270）。接著，己方右腳前上一步於對方襠後，同時，用右肘向右頂擊對方左肋部（圖 5-271）。動作不停，己方再用右翻背掌，以掌背為力點，向對方面部扇擊（圖 5-272），使對方肋部及面部受傷。

▲ 圖 5-269　　　　　▲ 圖 5-270

▲ 圖 5-271　　　　　▲ 圖 5-272

**要點** 閃身要及時，左手抓腕要牢，順其來拳之勁向左後領帶，右肘下壓對方左肘要反其關節，下壓肘有力。上步與右頂肘要同時，做到步到肘至，頂肘擊肋要猛狠。右翻背掌扇擊對方面部要快速、準確、有力，力達右掌掌背。

## 十二、右後将領右腿踢腹右拳擊頭

對方右腳前上一步，成為右弓步，同時，用右拳向己方胸部擊打；己方右手接抓住對方右腕，左手固住對方右肘，順對方來拳之勁向右後将領對方右臂（圖 5-273）。接著，己方身體重心前移，左腿支撐身體（圖 5-274）。

動作不停，己方用右腿向對方腹部踢擊（圖 5-275）。接

▲ 圖 5-273　　　　　　　▲ 圖 5-274

▲ 圖 5-275　　　　　　　▲ 圖 5-276

著，己方右腳落步，同時，用右拳向對方頭部擊打（圖5-276），使對方腹部、頭受傷。

**要點** 接抓腕要及時，固肘要牢，向右後捋領要藉對方來拳之勁，順勁捋領。踢對方腹部時，支撐腿要穩，踢擊對方腹部要猛狠。右拳擊打對方頭部要快速、準確、有力，力達右拳拳面。

## 十三、雙捋領臂右腳蹬腹左掌推面

對方左腳前上一步，成為左弓步，同時，用左拳向己方胸部擊打；己方左腳左前上步，偏身躲開對方左來拳（圖5-277）。

▲ 圖 5-277　　　　　▲ 圖 5-278

▲ 圖 5-279　　　　　▲ 圖 5-280

接著，己方右手抓住對方左腕，左手固於對方左上臂內側，順其來拳之勁向右後捋領其左臂（圖 5-278）。動作不停，己方左腿支撐身體，同時用右腳向對方腹部蹬擊（圖 5-279）。己方右腳前下落於對方左腿外後側，同時用左掌向對方面部推擊（圖 5-280），使對方腹部及面部受傷。

**要點** 閃身要及時，兩手捋臂要順其來拳之勁向右後回領，蹬腹時，支撐腿要穩，捋臂與蹬腹要同時用力。蹬腹要猛狠。左掌推擊對方面部要快速、準確、有力，力達左掌。

## 十四、雙捋領臂右腳蹬腹右掌刺喉

對方左腳前上一步，成為左弓步，同時，用左拳向己方胸部擊打；己方左腳左前上步，偏身躲開對方左來拳（圖 5-281）。

接著，己方右手抓住對方左腕，左手固於對方左上臂內側，順其來拳之勁向右後捋領其左臂（圖 5-282）。動作不停，己方左腿支撐身體，同時用右腳向對方腹部蹬擊（圖 5-283）。

己方右腳前下落於對方左腿內前側，同時用右掌向對方喉部刺擊（圖 5-284），使對方腹部及喉部受傷。

▲ 圖 5-281　　　　　　　▲ 圖 5-282

▲ 圖 5-283

▲ 圖 5-284

要點 閃身要及時，兩手捋臂要順其來拳之勁向右後回領，蹬腹時，支撐腿要穩，捋臂與蹬腹要同時用力。蹬腹要猛狠。右掌刺擊對方喉部要快速、準確、有力，力達右掌掌尖。

## 十五、捋臂右腳蹬腹左臂橫打肩摔

對方左腳前上一步，成為左弓步，同時，用左拳向己方胸部擊打；己方左腳左前上步，偏身躲開對方左來拳（圖5-285）。

接著，己方右手抓住對方左腕，左手固於對方左上臂內側，順其來拳之勁向右後捋領其左臂（圖5-286）。

動作不停，己方左腿支撐身體，同時用右腳向對方腹部蹬擊（圖5-287）。己方右腳前下落於對方左腿外後側，同時用左臂向右下橫擊對方右肩，使對方向左後側倒摔（圖5-288）。

要點 閃身要及時，兩手捋臂要順其來拳之勁向右後回領，蹬腹時，支撐腿要穩，捋臂與蹬腹要同時用力。蹬腹要猛狠。左臂橫打肩要快速、有力，力達左臂。

## 十六、雙掛臂雙掌推腹右腳點喉

對方左腳前上一步，成為左弓步，同時，用兩拳向己方

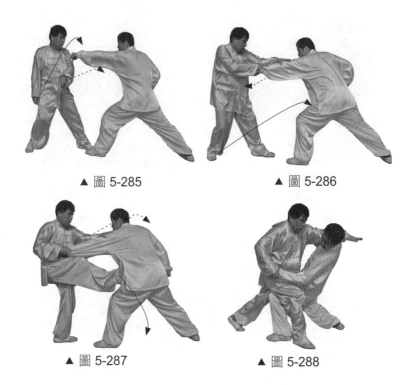

▲ 圖 5-285　　　　　　　▲ 圖 5-286

▲ 圖 5-287　　　　　　　▲ 圖 5-288

兩耳部貫擊（圖 5-289）；己方右腳前上一步，支撐身體，左
腳屈膝提起，準備前邁步，同時，兩臂向上，從對方兩臂內
側外分並向後掛防開對方兩拳（圖 5-290）。

　　動作不停，己方左腳前上步，成為左弓步，同時，用兩
掌向前推擊對方腹部（圖 5-291）。接著，己方左腿支撐身
體，同時，用右腳腳尖向對方喉部點擊（圖 5-292），使對方
腹部、喉部受傷。

　　**要點**　雙手外分要及時，掛臂要順其兩來拳之勁向後
掛，上步雙推掌要快速、有力，力達兩掌。點腿時，支撐腿
要穩，點腿擊喉要快速、準確、有力，力達右腳腳尖。

▲ 圖 5-289　　　　　▲ 圖 5-290

▲ 圖 5-291　　　　　▲ 圖 5-292

## 十七、壓臂別腕領臂左搡拳擊頭

對方右腳右上一步，成為馬步，同時，用右側衝拳向己方胸部擊打；己方左腳左前上步，閃身躲開對方來拳之鋒芒（圖5-293）。接著，己方上體左轉，用右臂從對方右前臂下，向上捧住對方右臂（圖5-294）。

動作不停，己方左臂從對方右臂上壓住對方右臂，己方上身右轉，同時用右前臂向上、向前別對方右腕，使其右腕受折而不能動彈（圖5-295）。接著，己方右手順勢抓握住對方右腕向右後回領其臂，同時，用左拳向對方頭部搡擊（圖5-296），使對方右腕及頭部受傷。

▲ 圖 5-293　　　　　　　　▲ 圖 5-294

▲ 圖 5-295　　　　　　　　▲ 圖 5-296

**要點**　兩臂壓臂腕要有力，領腕揉捶擊頭要一致，揉捶擊頭要快速、準確、有力，力達左拳。

## 十八、抱臂反擰折肘左拳擊頦

對方左腳前上一步，成為左弓步，同時，用左拳向己方胸部擊打；己方左腳左前上步，同時，用右臂捧架擋住對方來拳（圖 5-297）。

接著，己方右手向外反手抓住對方左腕，左臂從對方左臂下穿過，屈臂向上抱住對方左臂（圖 5-298）。

動作不停，右手握其左腕向前下反擰，左臂抱其臂肘向左上扳拉，使對方左臂反折，受制而不能動彈（圖 5-299）。接

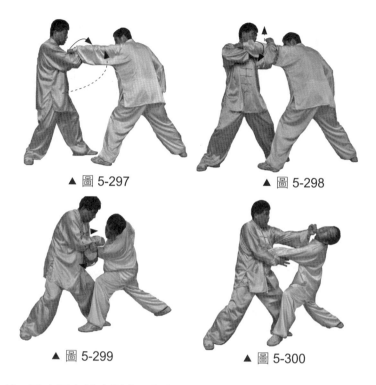

▲ 圖 5-297　　　　　　　▲ 圖 5-298

▲ 圖 5-299　　　　　　　▲ 圖 5-300

著，己方用左拳向對方下頦部擊打（圖 5-300），使對方左肘及下頦受傷。

　　**要點**　捧擋臂防拳要及時，抓腕抱臂要牢固，兩手擰腕推折與拉肘扳提要一致，扳擰折肘要有力，力達兩手。左拳擊打對方下頦要快速、準確、有力，力達左拳。

## 十九、閃防左肩靠胸扳頭擰頸

　　對方右腳右上一步，成為馬步，同時，用右側衝拳向己方胸部擊打；己方左腳左前上步，閃身躲開對方來拳之鋒芒（圖 5-301）。接著，己方左腳繼續前上步於對方右腿後，同時，用左肩向對方右胸部靠撞（圖 5-302）。

▲ 圖 5-301　　　　　　　　▲ 圖 5-302

▲ 圖 5-303　　　　　　　　▲ 圖 5-304

　　動作不停，己方左臂反臂向左後伸抱於對方左後腦部，
右手向對方頭部右側伸（圖 5-303）。接著，己方右手扳住對
方右後腦部，向右前推，左掌向左後扳拉，使對方頸部被擰
而受制（圖 5-304）。

　　**要點**　　閃身要及時，進步要快速，左肩靠撞對方右胸
部要猛狠，扳頭要牢，扳頭擰頸要有力，力達兩手。

## 第六節 · 中下盤連擊實戰用法

　　中下盤連擊是對對方中盤、下盤進行連續擊打的方法，
也是八極拳最常用的實戰用法。

## 一、左撥防右拳擊腹左腿跪膝

對方右腳右上一步，成為馬步，同時，用右側衝拳向己方胸部擊打；己方左腳左前上步，閃身躲開對方來拳之鋒芒（圖 5-305）。接著，己方左腳前上步於對方右腳外後側，掛住對方右腳，同時，用左臂向左上挑撥開對方右拳（圖 5-306）。

動作不停，己方上體左轉，同時，用右拳向對方腹部擊打（圖 5-307）。接著，己方用左腿向前下跪壓對方右膝關節（圖 5-308），使對方腹部及右膝關節受傷。

**要點** 閃身、挑撥防拳要及時，右拳擊腹要快速、猛狠。左腿跪壓膝要反其膝關節，壓膝要有力，力達左腿。

▲ 圖 5-305　　　　▲ 圖 5-306

▲ 圖 5-307　　　　▲ 圖 5-308

## 二、左撥防右掌橫擊腹右腳踩膝

對方右腳右上一步，成為馬步，同時，用右側衝拳向己方胸部擊打；己方左腳左前上步，閃身躲開對方來拳之鋒芒（圖 5-309）。

接著，己方左腳前上步於對方右腳外後側，掛住對方右腳，同時，用左臂向左上挑撥開對方右拳（圖 5-310）。動作不停，己方用右掌向對方腹部橫擊（圖 5-311）。

接著，己方左腿支撐身體，同時，用右腳向對方右膝關節外側踩擊（圖 5-312），使對方腹部及右膝關節受傷。

▲ 圖 5-309　　　　　▲ 圖 5-310

▲ 圖 5-311　　　　　▲ 圖 5-312

**要點** 閃身、挑撥防拳要及時，右掌橫擊對方腹部要迅疾、猛狠。

踩膝時，支撐腿要穩，右腳踩擊對方右膝關節，要準確、有力，力達右腳。

### 三、刁腕領臂橫臂擊胸左勾腳挑踢

對方右腳前上一步，成為右弓步，同時，用右拳向己方胸部擊打；己方左腳左前上步，閃身躲開對方來拳之鋒芒（圖 5-313）。接著，己方左腳前上一步於對方右腳外側，同時，用右手刁抓住對方右來拳之腕，向右後回領對方右臂（圖 5-314）。

▲ 圖 5-313　　　　　　▲ 圖 5-314

▲ 圖 5-315　　　　　　▲ 圖 5-316

　　動作不停，己方用左臂向對方胸部橫擊（圖 5-315）。接著，己方右腿支撐身體，同時，用左勾腳向前上挑踢對方右腿（圖 5-316），使對方胸部受傷及後倒。

　　**要點**　閃身、刁抓腕要及時，領臂與左臂橫擊對方胸部要橫向用力，力達左臂。左勾腳挑踢對方右腿要快速、有力，力達左腿。

## 四、挑架防右拳擊肋右勾腳挑踢

　　對方左腳前上一步，成為左弓步，同時，用左拳向己方胸部擊打；己方左腳左前上步，閃身躲開對方來拳之鋒芒（圖 5-317）。接著，己方用左臂向上挑架開對方來拳（圖5-318）。

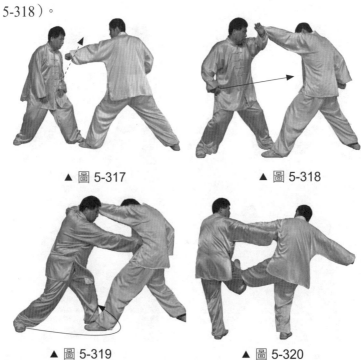

▲ 圖 5-317　　　　　　　　▲ 圖 5-318

▲ 圖 5-319　　　　　　　　▲ 圖 5-320

動作不停，己方用右拳向對方左肋部擊打（圖 5-319）。
接後著，己方左腿支撐身體，同時，用右勾腳挑踢對方左
腿，使對方後倒（圖 5-320）。

　　**要點**　閃身、架擋防要及時，右拳擊對方肋部要快
速、準確、有力。挑踢時支撐腿要穩，右勾腳挑踢對方左腿
要迅疾、猛狠。

## 五、挑架防左肘擊胸左勾腳挑踢

　　對方左腳前上一步，成為左弓步，同時，用左拳向己方胸部
擊打；己方左腳左前上步，閃身躲開對方來拳之鋒芒（圖 5-321）。

　　接著，己方用右臂向上挑架開對方來拳（圖 5-322）。動作

▲ 圖 5-321　　　　　　　　▲ 圖 5-322

▲ 圖 5-323　　　　　　　　▲ 圖 5-324

不停，己方左腳前上一步成為馬步，同時，右手抓腕向右上領對方左臂，並用左肘向對方胸部頂擊（圖5-323）。接著，己方右腿支撐身體，同時，用左臂向左後壓按對方後背，並用左勾腳挑踢對方左腿，使對方前倒（圖5-324）。

**要點** 挑架防拳要及時，領臂與左肘頂胸要一致，左肘頂胸要準確、有力，力達肘尖。左臂左後下壓按對方後背與左腳挑踢對方左腿要同時。挑踢時，支撐腿要穩，挑踢對方左腿要迅疾、猛狠。

## 六、右抓腕領臂左後掛腿壓肩

對方右腳前上一步，成為右弓步，同時，用右拳向己方胸部擊打；己方左腳左前上步，閃身躲開對方來拳之鋒芒（圖5-325）。接著，己方左手刁抓住對方右腕向右後回領（圖5-326）。

動作不停，己方左腳前上一步於對方右腳前內側，同時，用左側衝拳向對方右肋部擊打（圖5-327）。接著，己方左腳向左後掛對方右腿，同時，用左掌向前下按壓對方右肩，使對方前倒（圖5-328）。

▲ 圖 5-325　　　　　　　▲ 圖 5-326

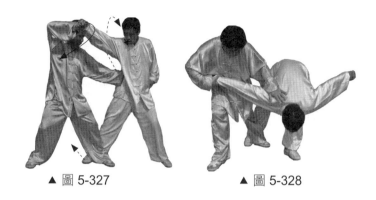

▲ 圖 5-327　　　　　　　　▲ 圖 5-328

要點　閃身、刁腕要及時，上步、領臂、左側衝拳要協調一致，擊肋要快速、準確、有力。左腿後掛腿與左掌前下按壓對方右肩要同時，後掛腿要迅疾，按肩要有力，力達左掌。

## 七、右抓腕領臂左後掛腿推胸

對方左腳前上一步，成為左弓步，同時，用左拳向己方面部擊打；己方左腳左前上步，同時，用右臂向上接抓住對方左拳腕（圖 5-329）。

接著，己方用左掌推擊對方腹部（圖 5-330）。動作不停，己方左腳前上步於對方左腿外後側，向左後掛對方左腿，同時，用左掌向對方胸部推按（圖 5-331）。動作不停，己方左掌繼續前下按對方胸部，同時，左腿繼續向後掛並上挑對方左腿，使對方後摔倒地（圖 5-332）。

要點　接抓腕要及時，領臂與左掌推腹要一致，推腹要有力，力達左掌。

左腳進步要快，左腿後掛對方左腿與左掌推其胸要同時，掛挑腿要迅疾，推胸要有力，力達左腿及左掌。

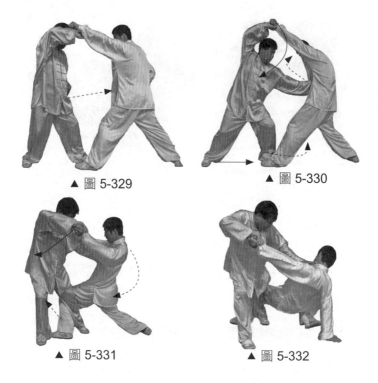

▲ 圖 5-329　　　　　　　　▲ 圖 5-330

▲ 圖 5-331　　　　　　　　▲ 圖 5-332

## 八、左抓腕領臂右後掛腿壓肩

對方左腳前上一步，成為左弓步，同時，用左拳向己方胸部擊打；己方左腳左前上步，閃身躲開對方來拳之鋒芒（圖 5-333）。接著，己方右手刁抓住對方左腕向左後回領（圖 5-334）。

動作不停，己方右腳前上一步於對方左腳前內側，同時，用右側衝拳向對方左肋部擊打（圖 5-335）。接著，己方右腳向右後掛對方左腿，同時，用右掌向前下按壓對方左肩，使對方前倒（圖 5-336）。

**要點**　閃身、刁腕要及時，上步、領臂、右側衝拳要協

▲ 圖 5-333　　　　　　　▲ 圖 5-334

▲ 圖 5-335　　　　　　　▲ 圖 5-336

調一致，擊肋要快速、準確、有力。

　　右腿後掛腿與右掌前下按壓對方左肩要同時，後掛腿要迅疾，按肩要有力，力達左掌。

## 九、左抓腕領臂右後掛腿推胸

　　對方右腳前上一步，成為右弓步，同時，用右拳向己方面部擊打；己方右腳左前上步，同時，用左臂向上接抓住對方右拳腕（圖 5-337）。接著，己方用右掌推擊對方腹部（圖5-338）。

　　動作不停，己方右腳前上步於對方右腿外後側，向右後掛對方右腿，同時，用右掌向對方胸部推按（圖 5-339）。動作不

停，己方右掌繼續前下按對方胸部，同時，右腿繼續向後掛並上挑對方右腿，使對方後摔倒地（圖5-340）。

**要點** 接抓腕要及時，領臂與右掌推腹要一致，推腹要有力，力達右掌。右腳進步要快，右腿後掛對方右腿與右掌推其胸要同時，掛挑腿要迅疾，推胸要有力，力達右腿及右掌。

▲ 圖 5-337

▲ 圖 5-338

▲ 圖 5-339

▲ 圖 5-340

## 十、捧封防拳右掌擊肋左腳踩膝

對方右腳前上一步，成為右弓步，同時，用右拳向己方胸部擊打，己方左腳左前上步，吞身躲開對方來拳（圖5-341）。接著，己方用兩手向左上捧封住對方右來拳（圖5-342）。

動作不停，己方左手向左上領對方右臂，同時，用右掌向對方右肋部斬擊（圖 5-343）。接著，己方右腿支撐身體，同時，用左腳向對方右膝關節踩擊（圖 5-344），使對方右肋及右膝傷。

**要點** 捧封要及時，右掌斬肋要快速、有力，力達右掌外緣，左腳踩膝要反其膝關節，踩擊要有力，力達左腳。

▲ 圖 5-341　　　　　▲ 圖 5-342

▲ 圖 5-343　　　　　▲ 圖 5-344

## 十一、捧封防拳右掌擊肋右腳踩膝

對方右腳前上一步，成為右弓步，同時，用右拳向己方胸部擊打，己方左腳左前上步，吞身躲開對方來拳（圖 5-345）。接著，己方用兩手向左上捧封住對方右來拳（圖

5-346）。

動作不停，己方左手向左上領對方右臂，同時，用右掌向對方右肋部斬擊（圖 5-347）。接著，己方左腿支撐身體，同時，用右腳向對方右膝關節踩擊（圖 5-348），使對方右肋及右膝關節受傷。

**要點** 捧封要及時，右掌斬肋要快速、有力，力達右掌外緣，右腳踩膝要反其膝關節，踩擊要有力，力達右腳。

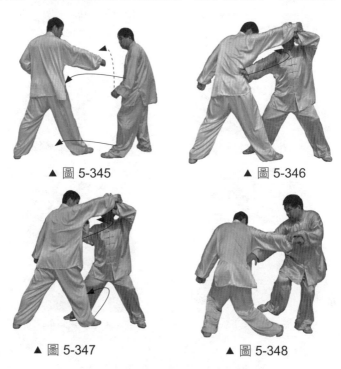

▲ 圖 5-345　　　　　　　▲ 圖 5-346

▲ 圖 5-347　　　　　　　▲ 圖 5-348

## 十二、扳肘推腕折臂後掛腿推胸

對方右腳前上一步，成為右弓步，同時，用右拳向己方面部擊打；己方右腳右側上步，閃身躲開對方來拳之鋒芒，同

時，用左手接抓住對方右腕（圖5-349）。接著，己方左腿支撐身體，右腿提起準備前邁，同時，右手從對方肘下托住對方右肘關節，向裏上提拉，並用左手向前下旋擰推折其腕，使對方右臂後折，不能動彈（圖5-350）。

動作不停，己方右腳前上步於對方右腿後別絆住對方右腿，並用右掌向前下推對方胸部（圖5-351）。接著，己方右腿向後掛挑對方右腿，右掌向前下繼續推對方胸部（圖5-352），使對方肘關節受傷並後倒。

▲ 圖 5-349

▲ 圖 5-350

▲ 圖 5-351

▲ 圖 5-352

**要點** 閃身防拳要及時，扳肘推腕要協調一致，兩手用力。上步快速，絆腿要牢，後掛挑腿與右掌前下推胸要同時，掛挑腿要迅疾，推胸要有力，力達右手。

## 十三、夾腕別肘左拳擊腹右腳前挑踢

己方開步站立；對方由己方身體右側前上左腳一步，成為左弓步，同時，用左手向己方右肩部抓擊（圖 5-353）。己方右臂從對方左臂內向上、向外，用右腋夾住對方左腕，右臂繼續向下過其左臂下向前上別對方左臂，使對方左腕受制，而不能動彈（圖 5-354）。

動作不停，己方用左拳向對方腹部擊打（圖 5-355）。接著，己方左腿支撐身體，同時，用右腿向前上勾挑對方左腿（圖 5-356），使對方腕部受傷及後倒。

**要點**　夾腕要緊，別臂要有力，左拳擊打對方腹部要

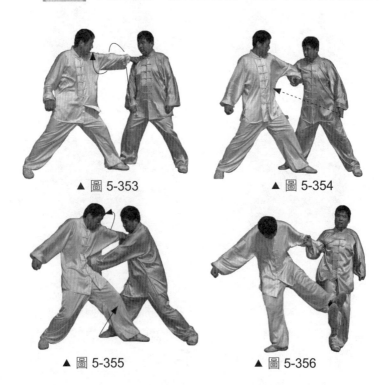

▲ 圖 5-353　　　　▲ 圖 5-354

▲ 圖 5-355　　　　▲ 圖 5-356

快速、準確、有力，力達拳面，右勾腿挑踢對方左腿要迅疾、猛狠。

## 十四、外撥防左肘頂腹後掛腿左肘靠胸

對方左腳前上一步，成為左弓步，同時，用左拳向己方面部擊打；己方右腳在前，上身後仰，閃躲開對方來拳（圖5-357）。接著，己方用右臂外撥並後捋對方左臂，並用左肘向前下頂擊對方腹部（圖5-358）。

動作不停，己方左腳前上步於對方左腿後，向左後掛對方左腿，同時，左肘向右橫拐靠擊對方胸部（圖5-359），使對方後倒（圖5-360）。

▲ 圖 5-357　　　　　　▲ 圖 5-358

▲ 圖 5-359　　　　　　▲ 圖 5-360

　　**要點**　後閃身要及時，左頂肘擊腹要猛狠，上步要快，左腿向後掛對方左腿與左肘橫向拐擊其胸要一致。後掛腿要迅疾，拐胸有力，力達左肘。

### 十五、扛臂索肩扣腕右肘砸背頂胯

　　對方左腳前上一步，成為左弓步，同時，用左拳向己方面部擊打；己方右腳在前，上身後仰，閃躲開對方來拳（圖5-361）。接著，己方前進身，用右肩扛住對方左臂，右臂從對方左肩外，向上、向裏下索壓（圖5-362）。

　　動作不停，己方左手抓住對方左腕（圖5-363），向前、向下、向左盤折，並將對方左臂反擰扣腕於左肩內，使其不能動彈（圖5-364）。

　　動作不停，己方用右肘向下砸撞對方後背（圖5-365）。接著，己方再用右肘向對方左胯部頂擊（圖5-366），使對方左臂、後背及左胯受傷。

　　**要點**　後閃要及時，扛臂要快，索肩有力，反旋盤擰扣腕要緊，右肘頂砸對方後背與頂擊對方左胯要聯貫、快速、準確、有力，力達右肘。

▲ 圖 5-361

▲ 圖 5-362

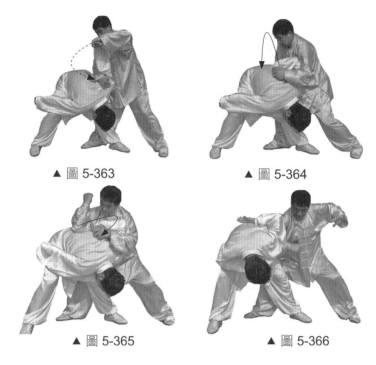

▲ 圖 5-363　　　　　　▲ 圖 5-364

▲ 圖 5-365　　　　　　▲ 圖 5-366

## 十六、後閃躲防領臂頂肘跪步壓膝

　　對方左腳前上一步，成為左弓步，同時，用左拳向己方面部擊打；己方右腳在前，上身後仰，閃躲開對方來拳（圖5-367）。接著，己方右腿右進步於對方左腿外後側，同時，用左手接抓住對方左腕外旋（圖 5-368）。動作不停，己方左手抓擰對方左腕向左回領其臂，並用右肘向右頂擊對方左肋部（圖 5-369）。接著，己方右腿向下跪對方左膝關節（圖5-370），使對方左肋及左膝關節受傷。

　　**要點**　　後閃身躲拳要及時，左抓腕要牢，上步、擰腕、回領臂與右肘頂擊對方左肋要一致，頂肋要猛狠，右腿前下跪對方左膝關節要有力，力達右膝。

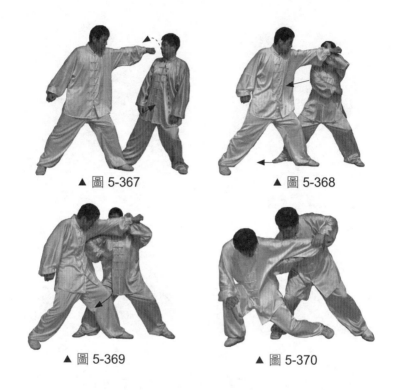

▲ 圖 5-367　　　　　　▲ 圖 5-368

▲ 圖 5-369　　　　　　▲ 圖 5-370

## 十七、挑架防左肘拐腹左膝撞襠

　　對方左腳前上一步，成為左弓步，同時，用左拳向己方胸部擊打；己方左腳左前上步，閃身躲開對方來拳之鋒芒（圖5-371）。接著，己方右腳前上步於對方左腿外後側，同時，用右臂向右上挑架開對方左來拳（圖5-372）。

　　動作不停，己方上身右轉，同時，左肘右拐撞擊對方腹部（圖5-373）。接著，己方左手向上抓住對方左腕向左後下領其臂，右腿支撐身體，同時，用左膝向對方腹部頂撞（圖5-374），使對方腹部受傷。

　　**要點**　閃身要及時，挑架防拳與左拐肘擊腹要一致，

▲ 圖 5-371　　　　　　▲ 圖 5-372

▲ 圖 5-373　　　　　　▲ 圖 5-374

拐肘擊腹要猛狠。左手左領其臂與左膝上撞要同時，撞腹時，支撐腿要穩，撞腹要快速、有力，力達左膝。

## 十八、纏臂攬腰前下壓按後掛腿

對方左腳左側上步，成為馬步，同時，用左側衝拳向己方右肋部擊打；己方右前上步，閃身躲開對方來拳之鋒芒（圖5-375）。接著，己方右腳從對方左腳前繞上步於對方襠前，同時，右臂從對方左臂外向上、向裏、向下穿過對方左腋下前伸攬住對方後腰（圖5-376）。

動作不停，己方右臂向上挑對方左腋（圖5-377）。接著，己方右腿向右後掛對方左腿，同時，右臂向前下壓對方後背，

▲ 圖 5-375　　　　　　　▲ 圖 5-376

▲ 圖 5-377　　　　　　　▲ 圖 5-378

使對方前倒（圖 5-378）。

**要點**　閃身躲拳要及時，上步要快速，右臂纏繞穿臂攬腰要緊，右腿後掛對方左腿與前下壓其後背要一致，右腿後掛腿要迅猛，右臂向前下壓對方後背要有力，力達右臂。

## 十九、抱臂扳肩壓肩右腿後掛摔

對方右腳右側上步，成為馬步，同時，用右側衝拳向己方面部擊打；己方左腳左前上步，偏頭躲過其來拳（圖 5-379）。

接著，己方右腳前上一步於對方右腿後，同時，左手抓住對方右腕，右手從對方右臂下向前上伸扳住其右肩於胸前

▲ 圖 5-379　　　　　▲ 圖 5-380

▲ 圖 5-381　　　　　▲ 圖 5-382

（圖 5-380）。

　　動作不停，己方兩手抱住對方右臂，向前下扳擰，同時用右肩向前下壓對方右肩，並用右腿向右後掛對方右腿（5-381），使對方後倒於地（圖 5-382）。

　　**要點**　閃防要及時，上步要快速，兩手抱對方右臂要緊，扳旋壓肩與後掛腿要協調一致，旋擰壓肩有力，力達右肩，右後掛腿要迅疾、猛狠。

## 二十、推腕扳肘領臂擊肋右挑踢

　　對方左腳前上一步，成為左弓步，同時，用右貫拳向己方左耳側貫擊；己方左腳左前上步，同時，用左臂向左上挑

架住對方右臂（圖 5-383）。接著，己方左手順勢抓住對方右拳腕，右臂從對方右肘下向前上伸過扳住對方右肘窩外上緣，向裏扳拉，使對方肘部受傷（圖 5-384）。

動作不停，己方左手順勢抓住對方右腕向右後回領，同時，用右掌向右後橫拍對方右肋部（圖 5-385）。接著，己方左腿支撐身體，用右腳向前上踢對方左腿，使對方後摔倒地（圖 5-386）。

**要點** 架擋防對方貫拳要及時，推腕扳肘要一致，扳推有力，力達兩手。

領臂與右手向右後拍擊對方右肋要同時，拍擊對方右肋要猛狠。右腿前上挑踢要迅疾、有力，力達右腿。

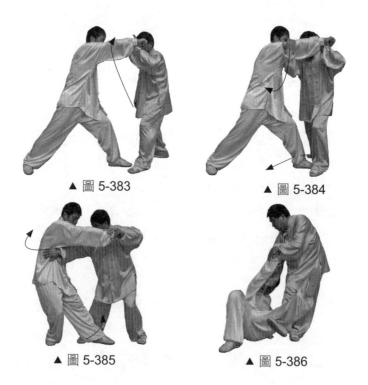

▲ 圖 5-383　　　　　　　　▲ 圖 5-384

▲ 圖 5-385　　　　　　　　▲ 圖 5-386

# 第七節·下盤兩連擊實戰用法

下盤兩連擊是對對方下盤進行兩次連續擊打的方法，也是八極拳最常用的實戰用法。

## 一、挑撥防右直拳擊襠左腿跪膝

對方右腳前上一步，成為右弓步，同時，用右拳向己方胸部擊打；己方吞胸閃躲開對方來拳（圖 5-387）。接著，己方左腳前上步，同時，用左掌向左上挑撥開對方來拳（圖 5-388）。

動作不停，己方左腳前上步於對方右腳外後側，用左腳

▲ 圖 5-387　　　　　▲ 圖 5-388

▲ 圖 5-389　　　　　▲ 圖 5-390

勾扣住對方右腳後跟，身體下潛，同時用右直拳向對方襠部擊打（圖 5-389）。接著，己方左膝向前下跪壓對方右小腿，使其失去重心向左側倒（圖 5-390）。

**要點** 閃身、挑撥防拳要及時，右直拳擊打對方襠部要快速、準確、有力，力達右拳。左扣腳要牢，左膝向前下跪壓其小腿要有力，力達左膝。

## 二、挑架防右直拳擊襠扳腿按膝

對方右腳前上一步，成為右弓步，同時，用右拳向己方胸部擊打；己方吞胸閃躲開對方來拳（圖 5-391）。接著，己方左腳前上步，同時，用左臂向左上挑架開對方來拳（圖 5-392）。

動作不停，己方左腳前上步於對方右腳外後側，用左腳勾扣住對方右腳後跟，身體下潛，同時用右直拳向對方襠部擊打（圖 5-393）。接著，己方用右手扳住對方右腳踝部，同時，用左掌向對方右膝關節外側部擊打，使對方右膝受挫而受傷，向左側倒（圖 5-394）。

**要點** 閃身、挑架防拳要及時，右直拳擊打對方襠部要

▲ 圖 5-391

▲ 圖 5-392

▲ 圖 5-393　　　　　　　▲ 圖 5-394

快速、準確、有力，力達右拳。

　　左扣腳要牢，右手扳對方右踝部與左掌推挫對方右膝關節要同時用力，扳推有力，力達兩手。

## 三、挑架防右直拳擊環跳穴右腳踩膝

　　對方右腳前上一步，成為右弓步，同時，用左直拳向己方胸部擊打；己方左腳左前上步，閃身躲開對方來拳之鋒芒（圖5-395）。接著，己方用左臂向上挑架防開對方來拳（圖5-396）。

　　動作不停，己方用右直拳向對方左環跳穴擊打（圖5-397）。

▲ 圖 5-395　　　　　　　▲ 圖 5-396

▲ 圖 5-397　　　　　　　　　　▲ 圖 5-398

接著，己方左腿支撐身體，同時，用右腳向對方左腿膝關節部踩擊（圖 5-398），使對方環跳穴及左膝關節受傷。

**要點**　挑架防拳要及時，右直拳擊打對方左環跳穴要快速、準確、有力，力達右拳拳面。踩膝時，支撐腿要穩，右腳踩擊對方左膝關節要有力，力達右腳。

## 四、左撥挑防扣腳壓腿右腳踩膝

對方右腳右側上步，成為馬步，同時，用右側衝拳向己方胸部擊打；己方左腳左前上步，閃身躲開對方來拳之鋒芒（圖 5-399）。接著，己方左腳前上一步於對方右腳外後側扣住方右腳後跟，同時，用左臂向左上挑防開對方右臂（圖 5-400）。

動作不停，己方左膝向前下跪壓對方右小腿，使其站立不穩（圖 5-401）。接著，己方左腿支撐身體，同時，用右腳向前下踩擊對方右膝關節（圖 5-402），使對方膝關節受傷。

**要點**　撥挑防要及時，扣腳要牢，跪膝要有力，支撐腿要穩，右腳踩膝要猛狠。

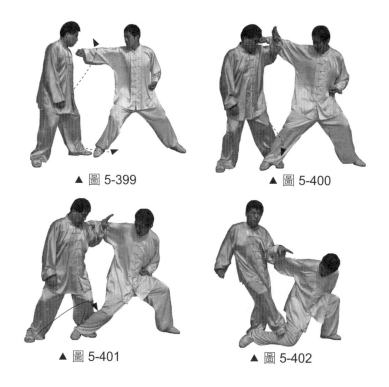

▲ 圖 5-399　　　　　　▲ 圖 5-400

▲ 圖 5-401　　　　　　▲ 圖 5-402

## 五、挑架防右腳內扣腳壓腿左腳踩膝

對方右腳前上一步，成為右弓步，同時，用左直拳向己方胸部擊打；己方左腳左前上步，閃身躲開對方來拳之鋒芒（圖 5-403）。接著，己方用右臂向右上挑架開對方來拳（圖 5-404）。

動作不停，己方右腳前上一步，於對方左腳內側，腳尖外展，勾掛住對方左腳，右小腿向前跪壓對方右小腿，使對方站立不穩（圖 5-405）。

接著，己方用左腳向對方左膝關節踩擊（圖 5-406），使對方膝關節受傷。

▲ 圖 5-403　　　　　　　　▲ 圖 5-404

▲ 圖 5-405　　　　　　　　▲ 圖 5-406

**要點**　挑架防要及時，右腳扣對方左腳要牢，跪壓腿要有力，右腳踩膝要快、準、狠。勁力順暢，力達右腳。

## 六、閃防左腳內扣腳壓腿右腳踩膝踹胯

對方右腳右側上步，成為馬步，同時，用右側衝拳向己方胸部擊打；己方左腳左前上步，閃身躲開對方來拳之鋒芒（圖 5-407）。接著，己方左腳前上步於對方右腳內側，外展腳扣住對方右腳後跟，小腿向前跪壓對方右小腿，使其站立不穩（圖 5-408）。

動作不停，己方用右腳向對方右膝關節踩擊（圖5-409）。接著，己方用右腳向對方右胯部踹擊（圖 5-410），

▲ 圖 5-407　　　　　▲ 圖 5-408

▲ 圖 5-409　　　　　▲ 圖 5-410

使對方右膝關節及右胯關節受傷。

<blockquote>要點　閃躲要及時，右腳扣掛對方右腿要牢固，右腳踩擊對方右膝及右胯要有力，力達右腳。</blockquote>

## 七、閃防左腳內扣腳壓腿右腳踩膝踢襠

對方右腳右側上步，成為馬步，同時，用右側衝拳向己方胸部擊打；己方左腳左前上步，閃身躲開對方來拳之鋒芒（圖 5-411）。接著，己方左腳前上步於對方右腳內側，外展腳扣住對方右腳後跟，小腿向前跪壓對方右小腿，使其站立不穩（圖 5-412）。

動作不停，己方用右腳向對方右膝關節踩擊（圖

▲ 圖 5-411　　　　　　　▲ 圖 5-412

▲ 圖 5-413　　　　　　　▲ 圖 5-414

5-413）。接著，己方用右腳向對方襠部彈踢（圖 5-414）使對方右膝關節及襠部受傷。

**要點**　閃躲要及時，右腳扣掛對方右腿要牢固，右腳踩擊對方右膝要猛狠，右腿彈踢對方襠部要快速、準確、有力，達腳尖。

## 八、接抓腕領臂踹膝踩腳

對方右腳右側上步，成為馬步，同時，用右側衝拳向己方胸部擊打；己方左腳左前上步，閃身躲開對方來拳之鋒芒（圖 5-415）。接著，己方用右手接抓住對方右來拳之腕（圖 5-416）。

▲ 圖 5-415　　　　　　　▲ 圖 5-416

▲ 圖 5-417　　　　　　　▲ 圖 5-418

　　動作不停，己方右手握其腕，左手固其肘，順其來拳之勁向右後回領對方右臂，同時，用左腳向對方右膝關節踩（圖 5-417）。

　　接著，己方左腳下落，同時，用右腳向對方右腳面踩擊（圖 5-418）。

　　**要點**　閃身要及時，右手抓接腕要牢固，領臂要順對方來拳之勁，左腳踩擊對方右膝要猛狠，右腳踩擊對方右腳要有力，力達右腳。

## 九、接抓腕領臂踩腳蹬膝外側

　　對方右腳前上一步，成為右弓步，同時，用右衝拳向己

方胸部擊打；己方左腳左前上步，閃身躲開對方來拳之鋒芒（圖 5-419）。接著，己方用右手接抓住對方右來拳之腕（圖 5-420）。

動作不停，己方右手握其腕，左手固其肘，順其來拳之勁向右後回領對方右臂，同時，己方用右腳向對方右腳踩擊（圖 5-421）。

接著，己方右腿支撐身體，同時，用左腳向對方右膝關節外踹擊，使其膝關節受傷（圖 5-422）。

**要點** 閃身要及時，右手抓接腕要牢固，領臂要順對方來拳之勁，右腳踩擊對方右腳要猛狠，左腳向對方右膝關節踹擊要準確、有力，力達左腳。

▲ 圖 5-419　　　　　▲ 圖 5-420

▲ 圖 5-421　　　　　▲ 圖 5-422

## 十、接抓腕領臂踩腳踹膝內側

對方右腳前上一步，成為右弓步，同時，用右衝拳向己方胸部擊打；己方左腳左前上步，閃身躲開對方來拳之鋒芒（圖5-423）。接著，己方用右手接抓住對方右來拳之腕（圖5-424）。

動作不停，己方右手握其腕，左手固其肘，順其來拳之勁向右後回領對方右臂，同時，己方用右腳向對方右腳踩擊（圖5-425）。接著，己方右腿支撐身體，同時，用左腳向對方左膝關節內側踹擊，使其膝關節受傷（圖5-426）。

**要點** 閃身要及時，右手抓接腕要牢固，領臂要順對方來拳之勁，右腳踩擊對方右腳要猛狠，左腳向對方左膝關

▲ 圖 5-423　　　　▲ 圖 5-424

▲ 圖 5-425　　　　▲ 圖 5-426

節擊踹要準確、有力，力達左腳。

## 十一、抓腕領臂挑踢踹膝

對方右腳前上一步，成為右弓步，同時，用右拳向己方面部擊打；己方右腳右上一步，同時，用右手接抓對方右腕（圖 5-427）。

接著，己方右手抓其腕向右回領對方右臂，同時，右腿支撐身體，並用左腿向對方右腿勾踢（圖 5-428）。動作不停，己方左腿向前上挑踢（圖 5-429）。接著，己方左腳向左踹擊對方左膝內側，使對方向左側倒（圖 5-430）。

**要點** 接抓腕要及時，領臂與勾踢要一致，勾踢時，

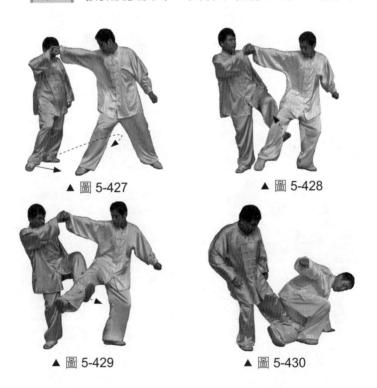

▲ 圖 5-427　　　　　　▲ 圖 5-428

▲ 圖 5-429　　　　　　▲ 圖 5-430

右支撐腿要穩，勾踢腿要快速，左腳側踹對方左膝要準確、有力，力達左腳。

## 十二、捋臂領帶挑踢踹膝

對方右腳前上一步，成為右弓步，同時，用右拳向己方面部擊打；己方右腳右上一步，同時，用右手接抓對方右腕（圖5-431）。

接著，己方左手固住對方右肘，兩手順其來拳之勁向右後捋領帶對方右臂，同時，用左腳向前勾腳挑踢對方右腿（圖5-432）。動作不停，己方用左腳向對方左膝關節內側踹擊（圖5-433），使對方向左側摔出（圖5-434）。

▲ 圖 5-431

▲ 圖 5-432

▲ 圖 5-433

▲ 圖 5-434

要點　接抓腕要及時，捋臂與勾踢要一致，勾踢時，右支撐腿要穩，勾踢腿要快速，左腳側踹對方左膝要準確、有力，力達左腳。

## 十三、捋領臂前勾腳挑腿右腿踹膝

對方右腳右側上步，成為馬步，同時，用右側衝拳向己方胸部擊打；己方左腳前上半步，同時，用右手接抓住對方右來拳（圖 5-435）。接著，己方左手固住對方右肘，兩手向右後回領，左腿支撐身體，同時，用右腿向左前上勾對方右腿（圖 5-436）。動作不停，己方右腳繼續向左前上挑踢對方右腿（圖 5-437）。接著，己方用右腳向對方左膝關節踹擊（圖 5-438），使對方膝關節受傷。

▲ 圖 5-435　　　　　▲ 圖 5-436

▲ 圖 5-437　　　　　▲ 圖 5-438

要點　接抓腕要及時，捋領臂與勾腳挑踢要協調一致，右踹膝要快速、準確、有力，力達右腳。

## 十四、閃撥防勾挑踢側踹膝

對方左腳前上一步，成為左弓步，同時，用左拳向己方胸部擊打；己方左腳左前上步，閃身躲開對方來拳之鋒芒（圖5-439）。接著，己方用右掌向外撥開對方來拳（圖5-440）。

動作不停，己方左腿支撐身體，同時，用右勾腳向前上挑踢對方左腿（圖5-441）。接著，己方用右腿向右側踹擊對方右膝關節（圖5-442），使對方膝關節受傷而倒。

要點　閃身、撥防要及時，勾腳挑踢對方左腿要快

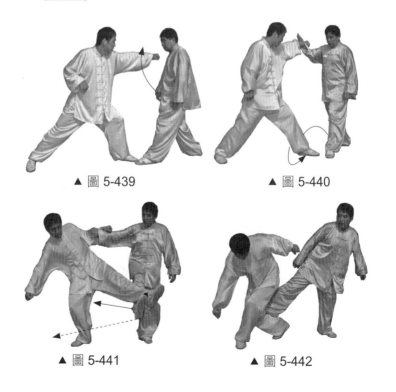

▲ 圖 5-439　　　　　　▲ 圖 5-440

▲ 圖 5-441　　　　　　▲ 圖 5-442

速,踹擊對方右膝關節要準確、有力,力達右腳。

## 十五、閃防領臂後掛腿按背

對方左腳前上一步,成為左弓步,同時,用左拳向己方胸部擊打;己方左腳左前上步,閃身躲開對方來拳之鋒芒(圖5-443)。接著,己方用左手接抓住對方左腕,順其勁向左回領,同時,右腳前上一步於對方左腿前內側(圖5-444)。

動作不停,己方右腳向右後掛對方左腿,同時,用右掌向前下推按對方後背(圖5-445)。接著,己方右腿右後上挑對方左腿,使對方前倒(圖5-446)。

▲ 圖 5-443　　　　▲ 圖 5-444

▲ 圖 5-445　　　　▲ 圖 5-446

**要點** 閃防要及時，領腕上步要一致，後掛腿與前推按後背要同時，後掛上挑對方左腿要一氣呵成，後掛挑踢要快速，前下推對方後背要有力，力達右掌。

## 十六、抄抱腿右肘砸膝攬腰勾踢

對方右腿支撐身體，同時，用左蹬腿向己方胸部蹬來；己方左腳左前上步，成左弓步，同時，用左臂抄抱住對方左腿（圖 5-447）。接著，己方用右肘向下砸擊對方左膝關節（圖 5-448）。動作不停，己方左腿支撐身體，同時用右腿向對方右腿踝部勾踢，並用右掌臂向右後橫擊對方右肋部（圖 5-449），使對方向後倒摔（圖 5-450）。

▲ 圖 5-447

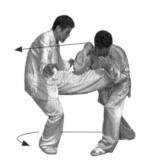

▲ 圖 5-448

▲ 圖 5-449

▲ 圖 5-450

**要點** 抄抱腿要及時，右肘砸膝要反其膝關節，上抄腿、右腿勾踢、右掌向後橫擊要協調一致，勾踢腿要快速，橫擊肋部要有力，力達右掌。

## 十七、抄抱腿扳按背勾踢腿

對方左腳支撐身體，同時，用右腳向己方胸部蹬擊；己方右腳前上步，同時，用左手接住對方右腳（圖 5-451）。接著，己方左臂就勢抄抱住對方右腿（圖 5-452）。動作不停，己方右手從對方右肋上前伸（圖 5-453）。接著，己方右手向右後下扳按對方後背，同時，用右腳向對方左腿踝部勾踢，使對方向左前倒（圖 5-454）。

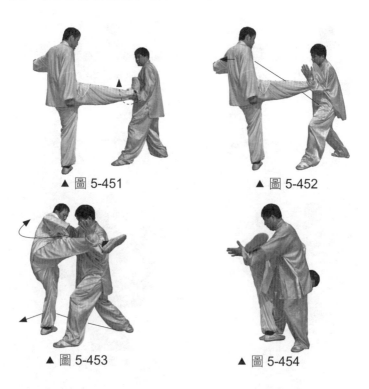

▲ 圖 5-451　　　　　　　▲ 圖 5-452

▲ 圖 5-453　　　　　　　▲ 圖 5-454

**要點** 抄抱腿要及時，扳腰與勾踢腿要協調一致，勾踢腿要快速，扳背要有力，力達右手。

## 十八、接腿提拉右側踹膝右肘頂襠

對方左腿支撐身體，同時，用右蹬腳向己方腹部蹬擊；己方右腳前上一步，同時，用兩手接抓住對方右踝部並向左後回領（圖 5-455）。接著，己方在回拉其右腿的同時上提，同時，己方左腳前上步，用右腿向對方左膝內側踹擊（圖 5-456）。動作不停，己方右腳下落成馬步，同時，屈右肘（圖 5-457）。接著，己方用右肘向對方襠部頂擊（圖 5-458），使對方膝關節和襠部受傷。

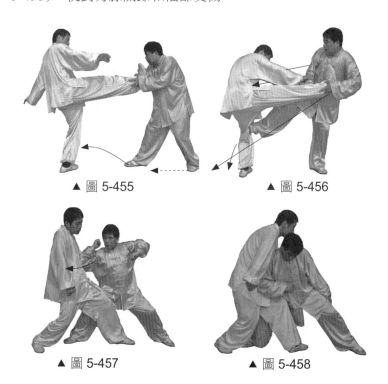

▲ 圖 5-455　　　　　▲ 圖 5-456

▲ 圖 5-457　　　　　▲ 圖 5-458

要點 接抓腿要及時，提拉腿與右腳踹擊對方左膝關節內側要一致，踹膝猛狠。落步要穩，右肘頂襠要快速、準確、有力，力達右肘尖。

## 十九、接抓腿左肘頂襠右腿踩膝

對方左腳支撐身體，同時，用右腿向己方腹部蹬擊；己方用兩手接抓住對方右腿踝部（圖 5-459）。接著，己方左腳帶右腳向左進身，同時，用左肘向對方襠部頂擊（圖5-460）。

動作不停，己方右手上提對方右腿（圖 5-461）。接著，己方左腿支撐身體，同時，用右腿向對方左膝內側踩擊（圖5-462），使對方襠部及左膝關節受傷。

▲ 圖 5-459　　　　　　▲ 圖 5-460

▲ 圖 5-461　　　　　　▲ 圖 5-462

接腿要及時，左肘頂擊對方襠部要快速、準確、有力。

踩膝時，支撐腿要穩，右腳踩擊對方左膝要準、狠。

## 第八節‧下上盤連擊實戰用法

下上盤連擊是對對方下盤、上盤進行連續擊打的方法，也是八極拳最常用的實戰用法。

### 一、外摟防右腳踩膝右攢拳擊頦

對方右腳前上一步，成為右弓步，同時，用右直拳向己方胸部擊打；己方左腳前上一步，同時，閃身躲開對方來拳之鋒芒（圖 5-463）。接著，己方用左手向外摟開對方右來拳（圖 5-464）。

動作不停，己方左腳支撐身體，同時，用右腳向對方右膝關節踩擊（圖 5-465）。接著，己方右腳向後落步，同時，用右拳向前上攢打對方下頦部（圖 5-466），使對方膝關節和下頦部受傷。

▲ 圖 5-463

▲ 圖 5-464

▲ 圖 5-465

▲ 圖 5-466

**要點** 閃身、摟手要及時,踩腿時,支撐腿要穩,用右腳向對方右膝關節踩擊要準狠。

右拳攢打對方下頦部要快速、準確、有力,力達右拳拳面。

## 二、外摟防右腳踩膝右翻拳砸面

對方右腳前上一步,成為右弓步,同時,用右直拳向己方胸部擊打;己方左腳前上一步,同時,閃身躲開對方來拳之鋒芒(圖 5-467)。接著,己方用左手向外摟開對方右來拳(圖 5-468)。

動作不停,己方左腳支撐身體,同時,用右腳向對方右膝關節踩擊(圖 5-469)。接著,己方右腳向後落步,同時,用右翻拳向前下砸擊對方面部(圖 5-470),使對方膝關節及面部受傷。

**要點** 閃身、摟手要及時,踩膝時,支撐腿要穩,用右腳向對方右膝關節踩擊要準狠。

右翻砸拳擊打對方面部要快速、準確、有力,力達右拳拳背。

▲ 圖 5-467　　　　　　▲ 圖 5-468

▲ 圖 5-469　　　　　　▲ 圖 5-470

### 三、挑撥防扣腳跪膝橫掌斬頸

對方右腳右側上步，成為馬步，同時，用右側衝拳向己方面部擊打；己方左腳左前上步，閃身躲開對方來拳之鋒芒（圖 5-471）。接著，己方用左臂向左上挑撥開對方右來拳（圖 5-472）。

動作不停，己方用左腳從對方右腳外後側扣住對方左腳，向前下跪壓對方右小腿，使其站立不穩（圖 5-473）。接著，己方用右掌向左橫向斬擊對方左頸側（圖 5-474），使對方右膝關節及頸部受傷。

**要點**　閃身、挑撥防要及時，扣腳要牢，跪膝要有力，右掌橫向斬擊對方頸部要有力，力達右掌。

▲ 圖 5-471　　　　　　　▲ 圖 5-472

▲ 圖 5-473　　　　　　　▲ 圖 5-474

## 四、領臂腳挑踢側推掌擊頦

對方右腳前上一步，成為右弓步，同時，用右拳向己方胸部擊打；己方用右手接抓住對方右腕向右後回領（圖5-475）。

接著，己方左手固在對方右肘部，兩手順其來拳之勁向右後回領對方右臂，右腿支撐身體，同時，左腳向對方右腿踝部勾踢（圖5-476）。

動作不停，己方左腳繼續向前上挑踢對方右腿（圖5-477）。

接著，己方左腳下落，同時，用左側推掌向對方下頦部推擊（圖5-478），使對方站立不穩、下頦部受傷。

▲圖 5-475　　　　　　　▲圖 5-476

▲圖 5-477　　　　　　　▲圖 5-478

**要點**　接抓腕要及時，領臂與勾腳挑踢要同時，挑踢要快速、有力，力達左腿。左掌推擊對方下頦要準確、猛狠。

## 五、前跪撞膝右直拳擊腮

對方右腳前上步，欲向己方進攻，己方左腳前上步（圖5-479）。己方左腳帶動右腳向前進步（圖5-480），並用右膝跪撞擊對方右膝關節（圖5-481）。

接著，己方用右直拳向對方右腮部擊打（圖5-482），使對方膝關節及面部受傷。

**要點**　進步要快速，前跪撞膝要猛狠，右直拳擊打對方右腮部要快速、準確、有力，力達右拳。

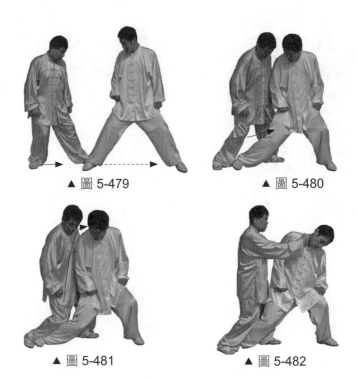

▲ 圖 5-479　　　　　▲ 圖 5-480

▲ 圖 5-481　　　　　▲ 圖 5-482

## 六、挑架防撞膝頂胸右臂橫擊頸

對方右腳右側上步，成為馬步，同時，用右側衝拳向己方胸部擊打；己方閃身躲開對方來拳之鋒芒（圖 5-483）。接著，己方用左臂向左上挑架開對方右臂（圖 5-484）。

動作不停，己方左腳帶動右腳向前進步，同時右膝跪撞擊對方右膝關節，並用左肘頂擊對方胸部（圖 5-485）。接著，己方左臂向左下壓對方右臂，同時，用右臂向對方左頸側橫擊（圖 5-486），使對方右膝關節及胸部、頸部受傷。

　　**要點**　挑架防要及時，進步要快速，撞膝、頂胸要狠，右臂橫擊對方左頸側要快速、準確、有力，力達右臂。

▲ 圖 5-483　　　　　　　▲ 圖 5-484

▲ 圖 5-485　　　　　　　▲ 圖 5-486

# 第九節・下中盤連擊實戰用法

下中盤連擊是對對方下盤、中盤進行連續擊打的方法，也是八極拳最常用的實戰用法。

## 一、上架防踩膝推面右臂靠

對方左腳前上一步，成為左弓步，同時，用左拳向己方面部擊打；己方左腳左前上步，閃身躲開對方來拳之鋒芒（圖5-487）。接著，己方右臂上架防開對方左來拳（圖5-488）。動作不停，己方用右腳向對方左膝關節踩擊，同時，用左掌向對方面部推擊（圖5-489）。

接著，己方右腳右下落於對方襠後，絆住其左腿，同時用右拳從對方胸前右穿過，並向右後靠擊對方胸部（圖5-490），使對方膝關節受傷並後倒。

**要點** 上架防拳要及時，踩擊推面要同時，踩膝要反其關節，推面有力。落步要穩，右臂向右後靠撞對方胸部要快速、準確、有力，力達右臂。

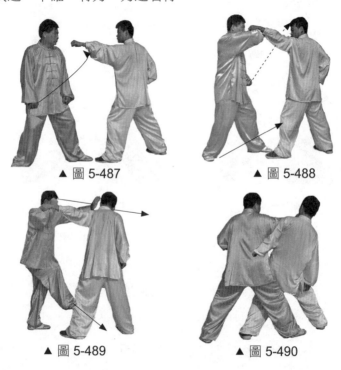

▲ 圖5-487　　　　▲ 圖5-488

▲ 圖5-489　　　　▲ 圖5-490

## 二、挑撥防踩膝扇面左肘頂腹

對方左腳前上一步，成為左弓步，同時，用左拳向己方胸部擊打；己方左腳左前上步，閃身躲開對方來拳（圖5-491）。接著，己方左臂向左上挑撥開對方來拳（圖5-492）。

　　動作不停，己方左手抓握對方左腕，向左後回領對方左臂，同時，己方左腿支撐身體，用右腳向對方左膝部踩擊，並用右扇掌向對方面部扇擊（圖 5-493）。對方左腳後撤步，躲避己方踩膝；己方右腳下踏震地，左腳前上一步，成為馬步，同時，用左肘向對方左肋部頂擊（圖 5-494），使對方膝關節、面部和肋部受傷。

▲ 圖 5-491　　　　　　　　　　▲ 圖 5-492

▲ 圖 5-493　　　　　　　　　　▲ 圖 5-494

　　**要點**　挑撥防拳要及時，踩膝、扇面要同時，踩膝要反其關節，扇面要快速，左肘頂肋要快、準、狠。

## 三、抓腕領臂右腳踩膝右攢拳擊胸

　　對方右腳右側上步，成為馬步，同時，用右衝拳向己方胸

部擊打；己方左腳左前上步，閃身躲開對方來拳之鋒芒（圖 5-495）。接著，己方用左手接抓住對方右腕向右下回領其臂（圖 5-496）。

動作不停，己方左腿支撐身體，同時，用右腳向前下踩擊對方右膝部（圖 5-497）。接著，己方用右攢拳向前上勾擊對方胸部（圖 5-498），使對方右膝及胸部受傷。

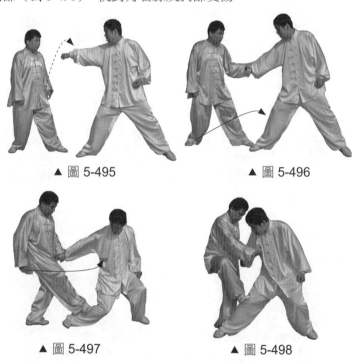

▲ 圖 5-495　　　　　　▲ 圖 5-496

▲ 圖 5-497　　　　　　▲ 圖 5-498

**要點**　閃身要及時，接抓腕要牢固，右腳踩膝要準確、猛狠。右攢拳擊胸要快速、準確、有力，力達右拳。

## 四、挑架防跪腿撞膝頂胸右拳擊肋

對方右腳前上一步，成為右弓步，同時，用右拳向己方

胸部擊打；己方左腳左前上步，閃身躲開對方來拳之鋒芒（圖 5-499）。

接著，己方左臂向左上挑架開對方來拳（圖 5-500）。己方左腳帶動右腳向前躥步，同時，用右跪腿向對方右膝部撞擊，並用左肘向對方胸部頂擊（圖 5-501）。接著，己方用右直拳向對方右肋部擊打（圖 5-502），使對方右膝關節、胸部及右肋受傷。

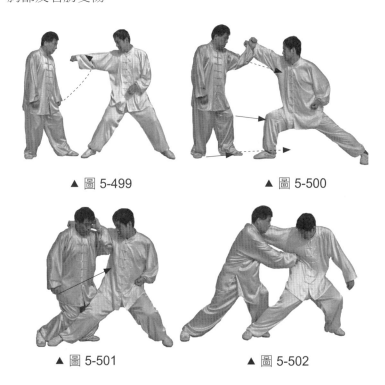

▲ 圖 5-499　　　　　　　　▲ 圖 5-500

▲ 圖 5-501　　　　　　　　▲ 圖 5-502

**要點**　挑架防拳要及時，前躥步要快速，撞膝要猛狠，左肘頂擊對方胸部要有力。右直拳擊打對方右肋部要快、準、狠。

## 五、架擋防跪腿撞膝雙臂擠肋

對方右腳前上一步，成為右弓步，同時，用右拳向己方胸部擊打；己方左腳左前上步，閃身躲開對方來拳之鋒芒（圖 5-503）。

接著，己方用右臂向右上擋架開對方來拳（圖 5-504）。動作不停，己方左腳帶右腳向前闖步並用右跪膝向前撞擊對方右膝關節（圖 5-505）。

接著，己方兩臂相疊，用兩臂向前上擠推對方右肋（圖 5-506），使對方膝部受傷並左側倒。

**要點** 閃防、架擋來拳要及時，闖步要快，撞膝要猛狠，雙臂擠對方右肋要有力，力達兩臂。

▲ 圖 5-507　　　　▲ 圖 5-508

▲ 圖 5-509　　　　▲ 圖 5-510

## 六、領臂勾腿挑踢撐臂靠

對方右腳前上一步，成為右弓步，同時，用右拳向己方胸部擊打，己方左腳左前上步，並用右手接抓住對方右腕（圖 5-507）。接著，己方左手固住對方左肘，兩手向右後捋領對方右臂，同時，右腿支撐身體，並用左腿向對方右腿勾踢（圖 5-508）。

動作不停，己方左腿繼續向右前上挑踢對方右腿（圖 5-509）。接著，己方左腳左下落，成為馬步，同時，兩掌向側撐掌，並用左臂向左後靠擊對方胸部（圖 5-510），使對方後倒。

**要點** 接抓腕要及時，兩手領臂與勾腳挑踢對方右腿要一致，落步要穩，撐掌靠胸要有力，力達左臂。

▲ 圖 5-503　　　　　▲ 圖 5-504

▲ 圖 5-504　　　　　▲ 圖 5-506

# 彩色圖解太極武術

# 歡迎至本公司購買書籍

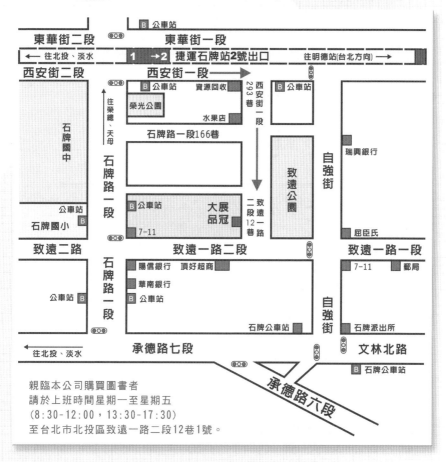

建議路線

1.搭乘捷運

　　淡水信義線石牌站下車，由月台上二號出口出站，二號出口出站後靠右邊，沿著捷運高架往台北方向走(往明德站方向)，其街名為西安街，約80公尺後至西安街一段293巷進入(巷口有一公車站牌，站名為自強街口，勿超過紅綠燈)，再步行約200公尺可達本公司，本公司面對致遠公園。

2.自行開車或騎車

　　由承德路接石牌路，看到陽信銀行右轉，此條即為致遠一路二段，在遇到自強街(紅綠燈)前的巷子左轉，即可看到本公司招牌。

國家圖書館出版品預行編目資料

八極拳散手用法 / 安在峰著.
──初版，──臺北市，大展，2018 [民 107.04]
面；21公分─（武術特輯；132）
ISBN　978-986-346-202-6（平裝）
1.拳術　2.中國
528.972　　　　　　　　　　　　　　107002059

# 八極拳散手用法

編　　著／安 在 峰
責任編輯／新 茗 硯
發 行 人／蔡 森 明
出 版 者／大展出版社有限公司
社　　址／臺北市北投區（石牌）致遠一路 2 段 12 巷 1 號
電　　話／（02）28236031，28236033，28233123
傳　　真／（02）28272069
郵政劃撥／01669551
網　　址／www.dah-jaan.com.tw
E-mail／service@dah-jaan.com.tw
登 記 證／局版臺業字第 2171 號
承 印 者／傳興印刷有限公司
裝　　訂／眾友企業公司
排 版 者／菩薩蠻數位文化有限公司
授 權 者／人民體育出版社
初版 1 刷／2018 年（民 107）4 月

定價／350元

大展好書　好書大展
品嘗好書　冠群可期

大展好書　好書大展
品嘗好書　冠群可期